SOCIÉTÉ DES AMIS DES ARTS
du Département de la Somme

33ᵉ EXPOSITION

1899

CATALOGUE

AMIENS
IMPRIMERIE YVERT ET TELLIER
rue des Trois-Cailloux et 10, galerie du Commerce

1899

EXPOSITION DE 1899

SOCIÉTÉ DES AMIS DES ARTS
du Département de la Somme

33ᵉ EXPOSITION

1899

CATALOGUE

AMIENS
IMPRIMERIE YVERT ET TELLIER
64, rue des Trois-Cailloux et 10, galerie du Commerce.

1899

AVIS

—

L'Exposition sera ouverte tous les jours, de 10 heures du matin à 6 heures du soir, du 15 Mai au 26 Juin 1899.

Toutefois, le Lundi, l'ouverture aura lieu à midi seulement.

Le prix d'entrée est fixé, savoir :

    Le Dimanche,   à 0 fr. 25
    Les autres jours,   à 0   50

Les personnes accompagnées d'enfants de moins de 6 ans pourront les introduire gratuitement.

Le dépôt au Vestiaire des cannes et parapluies est obligatoire et gratuit.

PEINTURE

ABBEMA (Mlle Louise), née à Etampes (Seine-et-Oise), élève de Carolus Duran et Henner.

M. H. Paris. — ✠ A et du Mérite des Arts de Saxe-Cobourg-Gotha.

Paris, rue Laffitte, 47.

1 — Avant le Bal.
2 — Pavots (Panneau décoratif).

ADAN (Louis-Emile), né à Paris, élève de Picot et Cabanel.

Méd. 3e cl. 1875. — 2e cl. 1882. — Méd. d'or 1889. — E. U. ✠ 1892.

Paris, rue de Courcelles, 75.

3 — Demoiselle de Compagnie.

ALKAN-LÉVY (Fernand), né à Amiens (Somme), élève de Benjamin Constant, Jean-Paul Laurens et Gérôme.

Paris, rue de la Grande Chaumière, 16.

4 — Le Benedicite.
5 — En Bretagne.

(*Voir* Dessins).

ALLAIN-TARGÉ (Mlle Marguerite), née à Paris, élève de Mmes Leclercq-Rouhier et Pierron, et de M. Gabriel Ferrier.

Méd. de bronze, Amiens 1896.

Paris, rue Frédéric-Bastiat, 1.

6 — Confitures d'oranges.

(*Voir* Dessins).

AROSA (Mlle Marguerite), née à Paris, élève de Barrias.

Méd. or, Tours. — Dipl. d'honn. Barcelone. — Méd. arg. à Tunis. — Expos. du travail, Paris 1898. — Ment. hon. à Madrid, Lyon, E. U., etc.

Paris, rue Juliette-Lambert, 1.

7 — Rentrés au port:

(*Voir* Dessins).

ATTENDU (Ferdinand), né en France.

Paris, rue Chateaubriand, 11.

8 — Chez l'armurier.

BAILLET (Ernest), né à Brest (Finistère).
H. C.

Paris, rue de St-Pétersbourg, 32.

9 — La plaine au soleil couchant.

BARILLOT (Léon), né à Montigny-les-Metz (Lorraine), élève de Bonnat.

Méd. or, E. U. 1889. ✯. — H. C.

Paris, rue de la Tour d'Auvergne, 16.

10 — Bois de Mortefontaine (Oise).

(*Voir* Dessins).

BARON (André-Edgard-Clovis), né à Flers (Orne), élève de Eugène Claude.

Paris, faubourg St-Denis, 24.

11 — Fin de saison.
12 — Panier de pavots.

BARTHALOT (Marius), né à Marseille (Bouches-du-Rhône), élève de Cabanel et de Bonnat et Saint-Pierre.

✯ A. — M. H. — Prix Bashkertseff au Salon de Paris

Paris, rue Alfred Stevens, 3.

13 — Leçon de chant.
14 — Vieux liseur.

(*Voir* Dessins).

BARTRIM (Henry), né à Paris.

Auteuil, Villa Michel-Ange, 7.

15 — Entrée du village de Sous-Roche (Yonne).
16 — Route de Pontaubert (Yonne).

BAUDRY (Bernard), né à Rouen, élève de Lebel et Zacharie.

Méd. bronze de la ville de Rouen.

Rouen.

17 — Portrait de Madame B.
18 — Etude.

BEAUVERIE (Charles-Joseph), né à Lyon (Bouches-du-Rhône), élève de Gleyre et de l'Ecole des Beaux-Arts.

✻ — H. C.

Paris, rue Gabrielle, 29 et Poncin par Feurs (Loire).

19 — Soleil perçant le brouillard.
20 — Le Lac d'Aydat (Puy-de-Dôme)

BELLANGER-ADHÉMAR (Paul), né à Fontainebleau (Seine-et-Marne), élève de Jules Lefebvre et Cormon.

Paris, rue Victor Massé, 31.

21 — Pardon à Lokronan.
22 — Le Soir.

(*Voir* Dessins)

BELLIS (Hubert), né à Bruxelles, élève de l'Académie des Beaux-Arts de Bruxelles.

Amiens 2 Méd. 1877 et 1880. — Paris, 2ᵉ Méd. E. U. 1889. — Chev. de l'ordre de Léopold.

Bruxelles, rue de la Charité, 31.

23 — Azalées et Cynéraires.
24 — Retour de chasse.

BENNER (Emmanuel-Michel-Many), né à Capri (Italie), de parents français, élève de Lefebvre, Henner, Benjamin-Constant et Robert Fleury.

M. H. 1897.

Paris, rue Victor Massé, 39.

25 — Fleurs.

BENNER (Jean), né à Mulhouse, élève de Pils.

2e Méd. 1872. — Méd. bronze E. U. 1889. — ✻ — H. C.

Paris, Boulevard de Clichy, 71.

26 — — Paola (Etude. Tête).

BENOIT-LÉVY (Jules), né à Paris, élève de Jules Lefebvre.

Paris, rue St-André-des-Arts, 37.

27 — Une visiteuse.

BERGERET (Pierre-Denis), né à Villeparisis (Seine-et-Marne), élève de G. Isabey.

Méd. 3e cl. 1875. — Méd. 2e cl. 1877. — Méd. 2e cl. E. U. 1889. — H. C.

Paris, rue Victor Massé, 26.

28 — Poissons.
29 — Fromages.

BERNARD (Léon), né à Amiens (Somme).

Amiens, place St-Denis, 37.

30 — Le retour du troupeau.

BERNE-BELLECOUR (Félix), né à Louveciennes (Seine-et-Oise), élève de son père et J. Lefebvre.

Ment. hon., Salon 1890. — Méd. 3ᵉ cl., salon 1894.

Paris, avenue de Villiers, 45.

31 — Fin de journée.
32 — Un faucheur.

BERTHELON (Eugène), né à Paris, élève de Eug. Lavielle et Berne-Bellecour.

Ment. hon. 3ᵉ cl. 1886. — Méd. 2ᵉ cl. 1889. — Méd. arg. Expos^on universelle 1889. — H. C.

Paris, rue Alfred Stévens, 7.

33 — La plage (au Tréport).
34 — Près de la porte Guillaume à St-Valery-sur-Somme.

BERTHON (Mᵉˡˡᵉ Marie), née à St-Benoit-du-Sault (Indre), élève de Roze et de J.-P. Laurens.

Grand prix de l'Ecole des arts déc. de Limoges 1896. — Dipl. d'honn. à l'exposition de Chateauroux 1898.

Corbie (Somme).

35 — Fiancée.
36 — Les Confitures (nature morte).
37 — Portrait.

BERTON (Paul-Emile), né à Chartrettes (Seine-et-Marne), élève de Delaunay et de Puvis de Chavannes.

Ment. hon. Paris Salon. — Méd. 3e cl. E. U. 1889.

Paris, rue Mozart, 9.

38 — La Vallée de Chevreuse.
39 — Dans le Parc Monceau à Paris.

BERTRAND (Paulin), né à Toulon (Var), élève de Cabanel.

Méd. 3e cl. 1889. — Méd. 2e cl. 1898. H. C.

Paris, rue Bayen, 41.

40 — Le Légues en Provence (Var).

BESNOU (Auguste), né à St-Malo (Ille-et-Vilaine), élève de Calliéri.

2 méd. à Rennes en 1897

Boulogne-sur-Mer (Pas-de-Calais).

41 — A l'abri.

BESSÈDE (Pierre-Henry), né à Fronsac (Gironde), élève de Jules Contant.

Médaillé en Province.

Castillon-s/-d/ (Gironde).

42 — Nature morte.

BEUL (de Franz), né à Termode (Belgique).

Méd. 2e cl. à Lille 1896. — Ment. hon. Versailles 1898. — Méd. à Cologne, Londres, Montpellier, etc. etc.

Bruxelles, rue Josaphat, 51.

43 — Retour à la ferme.
44 — L'heure de la trait.

BEYLE (Pierre-Marie), né à Lyon (Rhône).

Méd. 3e cl. 1881. — 2e cl. 1887. — 3e cl. exp. Universelle. 1889. — ✣ 1.

Chennevières (Seine-et-Oise),

45 — Retour de pêche.

BIVA (Henri), né à Paris, élève de Nozal et Tauzi.

Méd. 2e cl. Salon de Paris. — H. C.

Paris, rue du Chateau-d'Eau, 72.

46 — Œillets roses et Bluets.

(*Voir* Dessins)

BIVA (Paul), né à Paris.

Mention salon 1893.

Paris, faubourg St-Martin, 90.

47 — Chrysanthèmes.
48 — Roses.

BLANCHARD (Pascal), né à Paris.

Ment. et méd. de 3e cl. au salon de Paris.

Paris, rue Notre-Dame-de-Lorette, 44.

49 — Chez le maréchal-ferrant.

BOIGNARD (Camille), né à Avelesges (Somme), élève de J. P. Laurens et Benjamin Constant.

Paris.

50 — Un mendiant.

(*Voir* Dessins)

BOISLECOMBE (de) (Edmond), né à Arras (Pas-de-Calais), élève de J. P. Laurens et Rivey.

Méd. d'arg Rouen. — Méd. de verm. Amiens, etc., etc.

Paris, rue Poncelet, 26.

51 — Le Christ de Fontarabie.
52 — Un coup d'orage.

BONNEFOY (Henry), né à Boulogne-sur-Mer, élève de Léon Cogniet.

Hors concours.

Paris, rue Fontaine, 42.

53 — Un coin à Constantine.
54 — Gelée blanche (effet de lune).

BONNENCONTRE (Ernest C.), né à Bonnencontre (Côte-d'Or), élève de Gérome.

Paris, rue d'Assas, 100.

55 — Coin du Parc de St-Cloud (Automne).
56 — Côte normande en vue du Hâvre.

BOQUET (Jules), né à Amiens, élève de Boulanger et de Jules Lefebvre.

Hors concours.

Amiens, rue Porte-Paris, et Paris, rue de la Victoire, 6.

57 — La rue St-Leu.
58 — Les Lys.

BORCHARD (Edmond), né à Bordeaux, élève de Cabanel et Van Marck.

M. H. Salon 1886. — Méd. 3ᵉ cl. Salon 1891. — M. H. E. U. 1889. — Méd. Or, Rouen 1896.

Paris, place Pigalle, 11.

59 — Chasse à la hutte (baie de Somme).

BOUFFAY (Mˡˡᵉ Caroline), née à Reims (Marne), élève de P. Bourgogne et A. Rigolot.

Méd. à Lille, Chaumont, Langres, etc.

Haubourdin (Nord).

60 — Anémones.
61 — Une rue de village (Alpes-Maritimes).

BOUILLIER (Mlle AMABLE), née à Simandres (Isère).

M. H. Paris 1897.

Lyon, rue de l'Abbaye-d'Ainay, 10.

62 — Aux Champs.

BOURGEOIS (VICTOR-FERDINAND), né à Amiens, élève de Olivier Merson et L. Delambre.

Méd. arg. 1re cl. Amiens. — 3e méd. Salon des Artistes Français, 1898, Paris.

Paris, rue de Bagneux, 7.

63 — Prière du soir. — Cathédrale d'Amiens, au pied de l'enfant pleureur.
64 — La Ville d'Amiens recevant les hommages de ses industries.

Dans un pré émaillé de fleurs, au pied de la Cathédrale, est assise la *Ville d'Amiens*, au-dessus de laquelle deux génies déroulent sa fière devise. A ses côtés, une *maraîchère* lui offre les prémices de ses travaux. *Une fileuse* lui présente sa plus belle quenouille ; le Génie, sur la prière de la Ville, va distribuer palmes et couronnes. Dans le bas, *la Somme*, appuyée sur son urne, symbolise le calme de cette vie de labeur.

Texte du programme que s'est tracé l'auteur pour l'exécution de : La Ville d'Amiens recevant les hommages de ses industries.

(*Voir* DESSINS)

BOURGOGNE (GEORGES), né à Meaux (Seine-et-Marne), élève de Jules Lefebvre

M. H. au Salon. — Méd. à Amiens.

Douai (Nord), rue Saint-Jean, 27.

65 — Nature morte.

BOURGOGNE (Pierre), né à Paris, élève de J. Lequien et de P.-V. Galland.
H. C.

Sèvres, rue Saint-Brancas, 32 ter.

65 bis. — Premières fleurs.

BOURGONNIER-CLAUDE (Mme Berthe), née à Paris, élève de Paul Delonce.

Paris, rue du Ravelagt, 37.

66 — Après la lettre.
67 — Coin de salle à manger.

BOURLIER (Léon-Emile-Auguste-Eugène), né à Arras (Pas-de-Calais), élève de Roze.

Amiens (Somme), boulevard Thiers, 19.

68 — Souvenir de Belgique.

BOUTIGNY (Emile), né à Paris, élève de Cabanel.

3 méd. 1884. — 2 méd. 1889. — H. C. — ✽.

Paris, rue Nollet, 56.

69 — Le Général Causse au combat de Digo.

BOUVET (Henry), né à Lyon (Rhône), élève de l'Ecole des Beaux-Arts et de Roll.
H. C.

Paris, 20, rue Galvani.

70 — Au bord de la Seine,
71 — Environs de Toulon, temps gris.

BRAUT (Albert), né à Roye (Somme), élève de Gustave Moreau.

Méd. arg. Amiens 1894. — M. H. Paris 1895.

Paris, rue de Buci, 24, et Amiens, rue des Prémontrés, 3.

72 — Tête d'Homme.

BRÉCHEMIER (Mlle Aline-Marie), née à Rouen, élève de Mathieu Fontaine et de Charpentier.

Rouen, rue de la République, 103.

73 — Etude de fleurs.

BRET-CHARBONNIER (Mme Claudia), née à Lyon.

Méd. 3e et 2e cl. à Moulins, Lyon, Nimes, Montpellier, etc.

Lyon, rue de l'Hôtel-de-Ville, 65.

74 — Roses-thés, Lilas.

(*Voir* Dessins)

BRIDON (Joseph-Louis-Marie), né à Pornic (Loire-Inférieure), élève d'Olivier Merson.

Paris, rue de Vaugirard, 71 bis.

75. — Marine.
76. — Marine.

BRIEN (Jules), né à Vierzon (Cher), élève de Cormon et Lévy.

M. H. — Exp. rég. de Rennes 1897. — H. C.

Malakoff (Seine).

77 — Sur la Colline.
77 bis — Matinée en Anjou.

BRIGONNET (Mlle Hortense), née à Paris, élève de Richet et Privat.

Enghien-les-Bains (Seine-et-Oise).

78 — Sous bois.
79 — Cimetière d'Anvers.

BRISSET (Emile), né à Paris.

Paris, rue d'Armaillé, 13.

80 — Intimité 1er Empire.

BUFFET (Amédée), né à Paris, élève de Lefebvre et de Tony-Robert-Fleury.

Salon 1894, M. — Salon 1898, 3 Méd. — Méd. arg. Amiens 1896.

Paris, rue Cauchois, 3.

81 — Eglise, près d'Etaples.

BUFFET (Paul), né à Paris, élève de Boulanger et de J. Lefebvre.

Prix du Salon 1896. — H. C.

Paris, rue Cauchois, 3.

82 — Campement d'indigènes. Abyssinie.

BUSSON (Charles), né à Montoire (Loir-et-Cher), élève de Rémond et de Français.

O. ✤. — H. C.

Paris. rue des Fourneaux, 9.

83 — Château de Lavardin (Loir-et-Cher).
84 — Ile des Peupliers (Montoire, Loire-et-Cher).

CACHOUD (François), né à Chambéry (Savoie), élève de G. Moreau et Delaunay.

M. H. (Ch.-Elys. 1893) : 3e Méd. 1896. — 1re Méd. Lille 1896.

Levallois-Perret, rue Carnot, 4.

85 — Crépuscule à St-Alban de Montbel (Savoie).

CALVÈS (Léon-Georges), né à Paris, élève de Daubigny.

Mentions.

Vignory (Haute-Marne).

86 — Retour des champs.

CANUET (Mlle Louise), née à Paris, élève de Léon Perrault.

Paris, rue Eugène Delacroix, 7.

87 — Le marchand d'oranges.
88 — Femme rousse (Étude).

CARON (Henry-Paul-Edmond), né à Abbeville (Somme), élève de Jules et Eug. Caudron, Cartier et Rixens.

Médaille de bronze à Amiens.

Paris, rue d'Assas, 89.

89 — Un parc abandonné à Issy.
90 — Le Jardin du Luxembourg.
91 — Au pays breton (Roscoff).

(*Voir* Dessins)

CARPENTIER (Mlle Madeleine), née à Paris, élève de Luminais et de Jules Lefebvre.

3e Méd. Paris. — Méd. arg. Amiens.

Paris, rue de Maubeuge, 60.

92 — Coin d'église en Picardie.

(*Voir* Dessins)

CASSEL (Mlle Jeanne), née à Tincourt-Boucly (Somme), élève de Rey.

Mauregard (Somme).

93 — Paysage (Etude).
94 — La Chapelle du Hamelet.

CAUCAUNIER (Jean), élève de Pils, J. Lefebvre et Ballavoine.

Bois-Colombes, rue Manoury, 25.

95 — La Communiante.
96 — Chrysanthèmes.

CAYRON (Jules), né à Paris, élève de Jules Lefebvre.

Paris. Mention honorable.

Paris, rue d'Amsterdam, 77.

97 — Crépuscule.
98 — Le Vieux Moulin.

CESBRON (Achille), né à Oran (Algérie).

H. C.

Paris, rue Jacquemont, 13.

99 — Roses blanches

(Voir Dessins)

CHAMPAGNE (Julien), né à Levallois-Perret (Seine), élève de L. Gérôme.

Méd. bronze gr. mod. Abbeville 1897

Paris, rue Torricelli, 20.

100 — Ancien Hôtel-de-Ville d'Amiens (1597).
101 — Allée du Château — Frohen-le-Grand (Somme).
102 — Amiens. Rue du bout de la Veillère.

CHARPENTIER Edouard, né à Rouen, élève de G. Morin.

Méd. bronze, argent et vermeil à diverses expositions.

Rouen (Seine-Inf.), place de la Rougemare, 4.

103 — Le printemps au Tronquet.

CHAUVIER de LÉON (Georges-Ernest), né à Paris, élève de Loubon et Paul Vayson.

3 Dip. d'hon. — 3 Méd. d'or et 2 rappels, etc. — Mention à l'Exp. Univ. de Lyon 1872. — O. ✣.

Marseille, rue Saint-Jacques, 391.

104 — La Côte Lavandou-St-Clair (Var).
105 — Matinée en Camargue (B.-du-R.).

CHAVAGNAT (M{}^{lle} Antoinette), née à Rouen, élève de Riveire.

Méd. à différentes expositions.

Nanterre (Seine).

106 — Gibier.

(*Voir* Dessins)

CHEVALIER (Ernest-Jean), né à La Rochelle (Charente-Inf.), élève de Gervex, Humbert et Roll.

Méd. d'or à Rouen. — Méd. 3{}^e cl. à Bourges.

Paris, rue de Grenelle, 151.

107 — Environs de Vernon (Paysage d'été).
108 — Paysage de St-Trojan (Ile d'Oléron).

CHOVET (M{}^{lle} Alice-Marguerite), née à Paris, élève de Desgoffe et Deully.

Paris, rue Dutot, 30.

109 — Nature morte.

CHOVET (Mlle Hélène), née à Paris, élève de E. Blaise Desgoffe et E. Deully.

Paris, rue Dutot, 30.

110. — Nature morte.
110 bis. — Poissons.

CHRÉTIEN (René), né à Choisy-le-Roi (Seine), élève de Bonnat.

H. C.

Paris, rue des Tilleuls, 11, (Montmartre).

111 — Asperges cuites, (nature morte).
112 — Oignons et étain (nature morte).

CLAIRIN (Georges), né à Paris, élève de Picot et Pils.

O. ✵ — H. C.

Paris, rue de Rome, 62.

113 — Une procession à Venise.

CLAUDE (Eugène), né à Toulouse (Haute-Garonne).

Méd. 3e cl. — M. H. E. U. 1889. — Méd. 2e cl. — O. ✵.

Asnières (Seine), rue de Châteaudun, 90.

114 — Primeurs.
115 — Le melon coupé et prunes.

CLAVEL (Emile), né à Paris, élève de C. Kuwasseg, ✵.

Suresnes (Seine). Villa aux roses.

116 — Le Soir.

CLIQUOT (Mlle ANTOINETTE), née à Pontoise (Seine-et-Oise), élève de P. Flandrin et Ch. Chaplin.

2º Méd. d'arg. à Versailles 1884. — Ment. à Moulins en 1884.

Nanterre (Seine).

117 — En chasse gardée.

COIGNET (Mlle MARIE), née à Honfleur (Calvados), élève de Guillaume Fouace.

Méd. d'arg. Carcassonne 1894, Montpellier 1896, M. H. Rennes, 1897, Alençon 1898.

Paris, 127 bis, rue du Ranelagh

118 — Fruits.

COLIN-LIBOUR Mme URANIE, née à Paris, élève de F. Rude, F. Bouvin et Ch. L. Muller.

M. H. aux Exp. des Champs-Elysées, et E. U. 1889. — Méd. d'arg. à Amiens.

Paris, rue Duperré, 7.

119 — La grande sœur.
120 — Fioraliso.

COLTAT (GEORGES), né à Amiens, élève de Loth et de l'École régionale des Beaux-Arts.

Amiens, rue Vatable, 52.

121 — Un Retour de Pêche.

PEINTURE. 21

CONINCK de Pierre-Louis-Joseph, né à Méteren (Nord), élève de Léon Cogniet.

3 méd. H. C. ✿

Amiens, rue Voiture, 25.

122 — Chasse prohibée.
123 — Saint Ignace.
124 — Mariuccia adoptée par une riche Anglaise.

CONINCK (de Mlle Augustine-Lucie), née à Paris, élève de M. et de Mlle de Coninck.

Méd. de bronze à Amiens.

Amiens, rue Voiture, 25.

125 — Les Noces d'or.
126 — Nature morte.

CONINCK (de Mlle Régina), née à Paris, élève de son père.

Méd. arg. et vermeil à Rouen et Amiens.

Amiens, rue Voiture, 25.

127 — Espièglerie.
128 — Jardinier préparant son concours.

(*Voir* Dessins).

CONSTANTIN Mme Adèle, née à Mulhouse.

Paris, boulevard Raspail, 216.

129 — Moine.
130 — Japonaise.

CORBINEAU (Auguste-Charles), né à Saumur (Maine-et-Loire), élève de Hébert et J. Lefebvre.

Paris, rue Hégésippe-Moreau, 15.

131 — Écoute (Salon de 1898).
132 — Chacun son tour.

COUDURIER (Mme Marie-Evodie), née à Verberie (Oise), élève de Charpentier.

Rouen (Seine-Inf.), rue Tous-Vents, 19.

133 — Fleurs des Champs.

COUTURIER (Philibert-Léon), né à Chalon-sur-Saône (Saône-et-Loire), élève de Nicolas Couturier et Picot.

H. C.

St-Quentin, quai du Port-Gayan, 7.

134 — Aqueduc.
135 — Coq et poules (Intérieur).

COUTY (Jean-Frédéric), né à Issoudun (Indre), élève de G. Brion et Luminais.

Méd. à Dijon 1883. — Méd. de bronze à Amiens 1892. Méd. de verm. à Versailles 1894. — Méd. d'arg. à Angers 1895, à Rennes en 1896.

Paris, rue Lemercier, 69.

136 — Pommes de terre bouillies.
137 — Les fromages.

PEINTURE.   23

CRESSONNIER (Georges-Louis), né à Beauvais (Oise), élève de Manceaux.

Beauvais (Oise).

138 — Octobre à Cayeux-sur-Mer.
139 — Matinée d'automne à Cayeux-sur-Mer.

CRETEIN (Alfred), né à Amiens,

Amiens, rue Cotrelle-Maisant, 44.

140 — Le Soir.

DAGNAC-RIVIÈRE (Charles-Henri-Gaston), né à Paris, élève de G. Boulanger et Jules Lefebvre.

Méd. Rennes, Vincennes, Alençon, Versailles, etc.

Paris, boulevard Pasteur, 23.

143 — Marchands de Tapis à Tanger (Maroc).
144 — " La Nouba " (Sud Algérien).

DAINVILLE (Maurice), né à Paris, élève de G. Boulanger, J. Lefebvre et L.-O. Merson.

M. H. Salon 1895. — Méd. 3ᵉ cl. salon 1896.

Paris, rue de Fleurus, 35 bis.

145 — Marais d'Aubin, fin Septembre.

(*Voir* Dessins)

DAMBEZA (Léon), né à Paris, élève de J. Lefebvre, H. Lévy et Harpignies.

M. H. Salon 1893.

Paris, rue d'Estrées, 6.

146 — Le village de Hérisson le soir.
147 — Un moulin sur l'Aumance.

DAMERON (Emile) né à Paris, élève de Pelouse.

H. C. — ※.

Paris, rue Rochechouart, 38.

148 — Un coin de Montbard (Côte-d'Or).
149 — Le baiser au Bon Dieu.

DARDOIZE (Emile), né à Paris.

Ment. Méd. Salons 1880-82, E. U. 1878-89.

Paris, rue Coëtlogon, 4.

150 — Olivier à Cagnes (Alpes-Maritimes).
151 — Le Clos Bellenger à Carolles (Manche).

(*Voir* Dessins)

DARIEN (Henry), né à Paris.

Ment. et Prix de l'Inst. Salon 1889. — 3ᵉ Méd. 1897. — ✿ A, Offic. Nicham.

Paris, boulevard St-Michel, 113.

152 — Nature morte.
153 — En Normandie.

DEBAT-PONSAN (Edouard-Bernard), né à Toulouse, élève de Cabanel.

H. C. ※.

Paris, avenue Victor Hugo, 55.

154 — Lassitude.

DEBERLY-LEROUX (Mme Emma), née à Amiens.

Amiens, rue Gaulthier-de-Rumilly, 82.

155 — Feuille de paravent.

(*Voir* Dessins)

DECLERCQ (Albert), né à Boulogne-sur-Mer (Pas-de-Calais), élève de H. Bonnefoy.

Méd. bronze, argent, or et Dipl. d'Hon. en province. — ❦ A.

Boulogne-sur-Mer (Pas-de-Calais).

156 — La source de Bronne, (Garenne de St-Frieux, près Boulogne-sur-Mer).
157 — Le chemin creux, (Manihen, près Boulogne-sur-Mer).

DELACROIX-GARNIER (Mme Pauline), née à Paris, élève de Jules Garnier et de Henri Delacroix.

Paris, rue de Douai, 22.

158 — Les deux sourires.

DELACROIX (Henry-Eugène). né à Solesmes (Nord), élève de Cabanel.

H. C.

Paris, rue de Douai, 22.

159 — Floréal.
160 — Petite scène champêtre.

DELAVOIPIERE (Philippe-Alfred), né à Chartres (Eure-et-Loir).

Paris, rue des Dames, 4

161 — Asperges et Fraises.
162 — Anémones et Oranges.

DELCUPE Pierre, né à Amiens, élève de Bonnat.

Amiens, rue de Cérisy, 27.

163 — L'heure de la soupe.
164 — Portrait.

(*Voir* Dessins)

DEMARQUET (Mme née CRAUK, Irma), née à Paris, élève de son père et de M. Ch. Muller.

Méd. d'arg. — Méd. de verm.

Paris, boulevard Montparnasse, 159 bis.

165 — Portrait de Mme D....

DENET (Charles), né à Evreux (Eure), élève de Bonnat et Cormon.

Paris, rue Jouffroy, 2

166 — La chasse au miroir.

DEPAS (Melle Madeleine), née à Roye (Somme), élève de Melle de Coninck.

Amiens, rue des Corps-nuds-sans-Tête, 7.

167 — Azalées et Primevères.
168 — Fleurs de Mai.

DESAINT (Alfred), né à Paris, élève de Yon.

Paris, rue Caulaincourt, 83.

169 — Aux bords de la Loue (Franche-Comté).
170 — Une Rue à Bou-Saâda (Sud-Algérien).

DESMARQUAIS (Hippolyte), né à Bouray (Seine-et-Oise), élève de son frère.

Méd. 3e cl. Salon des Champs Elysées.

Paris, boulevard Garibaldi, 90.

171 — Vallée du Bois (Meudon).
172 — Carré de la Justice (Bois de Meudon).

DESPLANQUES (Alfred), né à Tourcoing (Nord), élève de J.-J. Weerts et de Carolus Duran.

Méd. Lille 1894-1896.

Tourcoing (Nord), rue du Haze, 104.

173 — Une bonne Vaclette.
174 — Un vœu à Notre-Dame de la Morlière.

DEULLY (Eugène-Auguste-François), né à Lille (Nord), élève de Gérôme et Glaize.

H. C. Paris,

Paris, impasse du Maine, 9.

175 — L'Oracle des champs.

DEWISME (Alfred), né à Boulogne-s-Mer, élève de Léon Cogniet.

Méd. de bronze.

Boulogne-s-Mer, rue Four-à-Chaux, 17.

176 — Deux natures mortes.

DEZOBRY (Arthur-Henri-Louis), né à Montmorency (Seine-et-Oise), élève de Boulanger et de Jules Lefebvre.

Méd. br. Amiens 1887.

Montmorency, (Seine-et-Oise).

177 — Anse du Laboratoire (Roscoff).
178 — Trestrignel.

D'HEILLY (Marie et Marthe), nées à Villers-Bretonneux, élèves de Melle Régina de Coninck.

Villers-Bretonneux (Somme).

179 — Paravent à 3 feuilles.

DIDIER-POUGET (William), né à Toulouse (Hte-Garonne), élève de Baudit, Auguin, Maxime Lalaune.

M. H. Paris 1890. — Méd. 3e cl. 1896. — D. H. Lyon. — ❀ A.

Paris, boulevard Clichy, 12.

180 — Le Pic du Midi au Soleil couchant.
181 — Dernier rayon.

DILLY (Georges), né à Lille (Nord), élève de Bonnat et De Winter.

Lille (Nord), rue du Pont-de-Comines, 24.

182 — Portrait de Monsieur A. D.
183 — La Vierge enfant.

DONNADIEU (Mlle Jeanne), née à Paris, élève de Feyen-Perrin et H. Lévy.

M. H. Paris — Amiens Méd. de verm., de bronze, d'arg. etc.

Paris, rue Victor Massé, 17.

184 — Boncou.

(*Voir* Dessins).

DORNOIS (Albert), né à Sévigné (Orne), élève de Jules Lefebvre et Pelouse.

Méd. ou ment. à Rouen, Caen, Nice, Alençon, Paris, Barcelone, etc.

Paris, boulevard Malesherbes, 192.

185 — Théâtre romain de Timgad près Batna (Algérie).

(*Voir* Dessins).

DOTTIN (Charles), né à Paris.

Méd. de bronze à Amiens.

Oissy (Somme).

186 — Au baquet.

DOUDEMENT (Gustave-Emile) né à Rouen (Seine-Inférieure), élève de J. Lefebvre, Boulanger et Tattegrain.

Méd. de bronze 1887.

Paris, rue de La Rochefoucault, 58.

187 — Marine. — Le bain de pieds.

DUBOURG (Mme Victoria), née à Paris.

Ment. 1894, Méd. 3e cl. 1895 aux Salons de Paris.

Paris, rue des Beaux-Arts, 6.

188 — Roses.
189 — Giroflées.

DUCARUGE (Léon-Pierre), né à La Voulte-Chillac (Haute-Loire), élève de Harpignies.

Méd. d'hon. au Blanc et noir 1886, Paris. — Méd. d'or Londres 1888.

St-Etienne, rue de la Paix, 6.

190 — Le Gué d'Ancette à Bas-en Basset (Haute-Loire).
191 — Effet du matin (Loire).

(*Voir* Dessins).

DUCHEMIN (Daniel), né à Segré (Maine-et-Loire), élève de A. Beauvais.

Paris, rue de Bourgogne, 69.

192 — Marine.
193 — Moulin flamand.

DUFOUR (Charles), né à Amiens, élève de de Coninck et Fritz Thaulow.

Dieppe, rue Gambetta, 115.

194 — A. Nocturne. Vieille rue du Pollet (clair de lune).
195 — B. Nocturne. Mare de Berneval-sur-Mer (clair de lune).

DUHEM (Henri), né à Douai (Nord).

Douai (Nord), rue d'Arras, 10.

196 — Le moulin à vent.

(*Voir* Dessins).

DUHEM (Mme Marie), née à Guemps (Pas-de-Calais).

Douai (Nord).

197 — Le vanneur.

DUPAIN (Edmond-Louis), né à Bordeaux, élève de Cabanel.

3e Méd. Paris 1875. — 1re 1877. — H. C. ✻.

Paris, boulevard Montparnasse, 152.

198 — Pour le bal.
199 — Vieux moulin Dordrecht.

DUPERELLE (François), né à Cournon (Puy-de-Dôme), élève de Besnus et Boggs ✣ A.

Dammartin (Seine-et-Marne).

200 — Le ruisseau de Thieux (Seine-et-Marne).
201 — Dommartin (Seine-et-Marne).

DURIEZ (Julien-Simon), né à Amiens, élève de Albert Roze et Gérôme.

Amiens.

201 bis — Portrait.

DURST (Auguste), né à Paris, élève de Hébert et Bonnat.

Méd. 2e cl. 1884. — Méd. d'arg. E. U. 1889.

Puteaux (Seine).

202 — Canards, rivière d'Airaines (Picardie).
202 bis — Ferme Duval (Normandie).

DUTHOIT (Adrien), né à Amiens, élève de P. V. Galland.

M. H. Amiens. — Méd. d'arg. Amiens, 1896.

Paris, rue de Fleurus, 27.

203 — Salomé.
203 bis — Sainte Madeleine (recherche décorative).

DUTHOIT (Paul), né à Lille (Nord).

Méd. or, Angers 1895. — Dipl. d'honn., Dijon 1898. — M. H. Amiens 1890.

Paris, rue de la Bruyère, 18.

204 — Vieille bretonne.

DUVANEL (Jules-Jean-Aristide), né à Nantes (Loire-Inf.), élève de J.-P. Laurens et Benjamin Constant.

Méd. aux Exp°s. de Tours et d'Angers.

Paris, avenue d'Orléans, 7.

204 bis — Intérieur auvergnat.

EDOUARD (Albert-Jules), né à Caen (Calvados), élève de Cogniet, E. Delaunay et de Gérôme.

Méd. 3ᵉ cl. 1882 Paris. — Méd. 2ᵉ cl. 1885. — Méd. 3ᵉ cl. 1889 E. U. — H C.

Paris, Quai St-Michel, 19.

205 — Jeune femme, regardant des images.
205 bis — Enfants jouant avec une bulle de savon.

EMERELLE (Albert), né à Amiens (Somme).
Paris, rue du Pot;au, 24.

206 — Pommiers en fleurs.

ENTRAYGUES (d') (Charles-Bertrand), né à Brives (Corrèze), élève de Pils.

Paris, rue Hallé, 19.

207 — Le tour de cartes scène enfants de chœur.

ERTZ (Edouard), né à Chicago.

Méd. à St-Etienne, Rouen et Angers.

Paris, rue Dutot, 3.

208 — Ex-Voto.

FAGE (J.-M.-Achille), né à St-Plancard (Haute-Garonne), élève de l'Ecole des Beaux-Arts de Toulouse.

Amiens, rue Pierre l'Ermite.

209 — Le Pansement.

FANTIN-LATOUR (Henri), né à Grenoble (Isère), élève de son père et de L. de Boisbaudran.

Méd. 1870. — 2ᵉ cl. 1873. — ✻ 1879. H. C. E. U. 1889.

Paris, rue Laffitte, 28,

210 — Figures sous bois (effet de lune).

FAUGERON (Adolphe), né à Paris, élève de A. Maignan.

Paris, Boulevard St-Jacques, 31.

211 — Jeune Paysanne, environs d'Hyères.
212 — Bords de la Seine, Montereau.

FAURON (Mlle Marguerite), né à Château-Chinon (Nièvre), élève de J. Lefebvre et J. Geoffroy.

Méd. bronze à Amiens. — Mention à Lyon.

Paris, Faubourg du Temple, 54.

213 — Les Cerises.

FLANDRIN (PAUL), né à Lyon (Rhône), élève de Ingres.

Méd. de 3e, 2e et 1re cl. — ✻. H. C.

Paris, rue Garancière, 10.

214 — Environs d'Aix (Savoie).
215 — Plage de Mont-Redon, près Marseille.

FOREAU (HENRI), né à Paris.

3e Méd. 1892. — 2e Méd. 1894. — H. C.

Paris, rue Lauriston, 5.

216 — Vers le soir.

FORMANT (HENRI-EDMOND-PAUL), né à Paris, élève de Gérôme.

Méd. Amiens. — 1re Méd. Versailles — ✿.

Paris, rue Michel Bizec, 135. et rue Victor Chevreul, 2.

217 — Rue maraichère à St-Mandé (Seine), zone militaire (étude).
218 — Le Départ, rue maraichère, à St-Mandé (Seine), zone militaire.

FOYOT-D'ALVAR (Mlle MADELEINE), née à Paris, élève de Cauchois.

1re et 2e Méd. Dijon (E. U.), Versailles, Turin, Paris, etc. — ✿ A.

Paris.

219 — Chrysanthèmes.
220 — Calice XVe siècle.

FRANCQUEVILLE (Jean de), né à Amiens (Somme), élève de Bouguereau, T.-Robert-Fleury et de Coninck.

Méd. d'or Amiens.

Amiens, rue des Augustins.

221 — La Vierge.
222 — La Bise.

FRICK (Paul de), né à Paris, élève de Boulanger et de L.-O. Merson.

Amiens Méd. Vermeil. — Versailles 2e Méd., etc., etc.

Paris, Boulevard St-Germain, 204.

223 — Canal St-Georges à Venise (effet du matin).
223 bis — Coin de ruelle à Venise.

FURCY DE LAVAULT (Albert), né à Saint-Genis (Charente-Inférieure), élève de Corot.

28 méd. dans les exp. de province et ment. Salon de Paris 1888.

La Rochelle (Charente-Inférieure).

224 — Lilas et boutons d'or.
224 bis — Prunes.

GALAMPOIX (Georges), né à Amiens, élève de Roze.

Amiens, rue Desprez, 6.

225 — Ma grand'mère (portrait).
226 — Pot-au-feu (nature morte).

GALERNE (Prosper), né à Patay (Loiret), élève de Rapin.

3e méd. au Salon de Paris.

Paris, rue de Bourgogne, 52.

227 — Le bas Meudon.
228 — Le matin à Chauvigny (Vienne).

GAMAND (Mlle Lucie), née à Amiens, élève de F. Stiévenart.

Amiens, rue Dhavernas, 3.

229 — Pêcheuses de crevettes, Étaples.
230 — Coin de jardin.
231 — Intérieur de cuisine.

GARAUD (Gustave), né à Toulon (Var), élève de François.

M. H. en 1881. — Méd. de 3e cl. en 1889. — Méd. de 2e cl. en 1893. H. C.

Paris, rue Notre Dame-des-Champs, 117.

232 — Dans les prés.
233 — La porte et le pont de Bourgogne à Moret.

GARDANNE (Auguste), né à Paris, élève de Yvon et Pils.

Méd. de bronze et d'arg. dans différentes exp. de prov.

Levallois-Perret, (Seine) rue Poccard, 9.

234 — Officier de cuirassiers, actuel.
235 — Ancien carabinier, avant 1870.

GASCARD (Léon-Georges), né à Fignières (Somme), élève de Boulanger et Jules Lefebvre.

Paris, boulevard d'Italie, 61.

236 — Plat breton et œufs (nature morte).
237 — Bouillotte et ail (nature morte).

(*Voir* Dessins)

GAUDEFROY (Alphonse), né à Paris, élève de L. Cogniet et Cabanel.

Paris M. H. 1886. — Paris E. U. 1889, 3e méd.

Paris, rue Lourmel, 75.

238 — Chasse au marais. Sénarpont (Somme).

GEORGE (Joannès), né à Lyon (Rhône).

Lyon, rue Coste, 44.

239 — Matinée d'automne à Arandon (Isère).

GESNE (Albert de), né à Paris, élève de l'école des Beaux-Arts.

Méd. bronze et arg. à Amiens. — M. H. Paris.

Paris, rue Michel-Ange, 63.

240 — Couple de chiens du Poitou.
241 — Valet, chiens et cheval près d'un poste de garde.

GILBERT (Mlle Marthe) née à Malville (Charente-Inférieure), élève de Furcy de Lavauld et Auguin.

Ment. à Rochefort. — Méd. de bronze, Saintes et Arcachon. — Méd. d'arg. Cognac.

Saintes (Charente-Inférieure), rue de Laroche, 28.

242 — Chrysanthèmes.
243 — Bleuets et Marguerites.

(*Voir* Dessins)

GILLET (Mme Marguerite), née à Sens (Yonne), élève de Carrier-Belleuse.

Paris, rue St-Augustin, 33.

244 — Eglise de Gamaches (Somme).

(*Voir* Dessins)

GIRARDET (Eugène), né à Paris, élève de Gérôme.

H. C.

Paris, rue Legendre, 4.

245 — Femme arabe au moulin.
246 — Le chemin des Oliviers à Mustapha.

GOUNIN (Henri), né à Paris, élève de E. Dardaize.

M. H. Salon de Paris — Dipl. d'hon., méd. d'or, d'arg. etc. etc. Angers, Alençon, Dijon, Lyon, Rouen, Bordeaux, Tunis, etc.

Paris, rue Notre-Dame-des-Champs, 70 bis.

247 — Le matin en août (Moret, Seine-et-Marne.)
248 — Rue à Moret (Seine-et-Marne.).

GOUY (Mlle Jeanne), née à Doullens (Somme) élève de J. Machard.

Ment. à Amiens. — 2e méd. arg. à Versailles. — Ment. à Nîmes.

Paris, avenue de Villiers, 74.

249 — Femme au papillon.

(*Voir* Dessins).

GRASSET (Auguste), né à Vitry-le-François (Marne).

Ment. à Versailles. — Méd. de 2e cl. à Tunis.

La Varenne (Seine), avenue de Bonneuil, 55.

250 — La rivière le cousin. Avallon (Yonne).

GROS (Achille), né à Epeugney (Doubs), élève de Bavoux.

Ment. à Paris. — 2e méd. à Lyon. ✿ A.

Dôle (Jura).

251 — Le ruisseau de la Serre (Jura).

GUELDRY (Joseph-Ferdinand), né à Paris, élève de Gérôme.

H. C.

Paris, rue de Clichy, 54.

252 — En promenade.
253 — La halte.

GUENARD (Octave), né à Amiens, élève de Jules Lefebvre et A. Sauzay.

Méd. de bronze et arg. Amiens. — M. H. Lille et Dijon. — Dipl. d'Honn. et Méd. d'or Arcachon. — Dipl. de Méd. d'or Marseille.

Amiens, rue des Stes-Maries.

254 — Vallée de l'Huisne (Eure-et-Loir).
255 — Rue de la mer à Cucq (Pas-de-Calais).

GUILLON (Eugène-Antoine), né à Paris, élève de H. Flandrin.

Ment. Amiens. — Méd. de vermeil Amiens 1892. — Ment. Paris, E. U. 1889, méd. 3ᵉ au Salon 1898.

Paris rue Méchain, 10.

256 — L'heureuse mère.

GUILMET (Albert), né à Château-du-Loir (Sarthe), élève de J.-P. Laurens et de H. Chapon.

Méd. d'arg. Calais, Rouen.

Calais, rue de l'Hospice, 10.

257 — Le Sultan.
258 — Sortie des bateaux de pêche.

(*Voir* Dessins)

GUINIER (Henri), né à Paris, élève de Jules Lefebvre et Benj. Constant.

2ᵉ Prix de Rome. — H. C. Salon Paris.

Paris, Boulevard des Batignolles, 29.

259 — Hamadryade.
260 — Porta al Cerchio (San Gimianano).

HAIN (Mlle Marguerite), née à Rouen, élève de Lebel et de l'école des Beaux-Arts.

Ment. et Méd. bronze Amiens 1892, Béziers, Langres, Rouen, Nîmes. — Méd. arg. Versailles 1893, Carcassonne 1894. — M. H. Moulins 1896.

Rouen, rue Neuve Ste-Patrice, 9.

261 — Bourriche de géraniums.
262 — Les huîtres.

HARPIGNIES (Henri), né à Valenciennes, (Nord), élève de J. Achard.

Officier de la Légion d'Honneur. — H. C.
Paris, rue St-Georges, 8.

263 — Les chênes du Château de Renard (Allier).

HERBERT (Charles), né à N.-D.-de-Liesse (Aisne), élève de Léon Cogniet et de l'Ecole des Beaux-Arts.

Méd. d'arg. Méd. de vermeil, Expositions d'Amiens.
Amiens, rue de la République.

264 — Nature morte (potiron).
265 — Bords de la Canche, à Paris-Plage.

HILPERT (Alfred), né à Faymoreau (Vendée).

Laon (Aisne).

266 — Remparts de Montreuil-sur-Mer (Pas-de-Calais).

PEINTURE.

HIRSCH (Auguste-Alexandre), né à Lyon, (Rhône), élève de H. Flandrin et Gleyre.

M. H. 1863. — méd. 1889. — ✦ 1889. — Méd. d'or Amiens. — H. C.

Paris, rue N.-D.-des-Champs, 73.

267 — La vieille au fagot.

HODEBERT (Léon-Auguste-César), né à St-Michel-sur-Loire (Indre-et-Loire).

M. H. Paris.

Paris, boulevard Pasteur, 25.

268 — Juana.

(*Voir* Dessins)

ISENBART (Émile), né à Besançon.

H. C. Salon des Artistes français. — ✦.

Besançon-Beauregard (Doubs).

269 — Village de Porspoder, côte bretonne.
270 — Estavayer, sur le lac de Neufchâtel (Suisse).

IWILL (Marie-Joseph), né à Paris, élève de Lansyer.

Paris, quai Voltaire, 11.

271 — Un canal à Venise.
272 — Soir après la pluie. (Les chemineaux).

(*Voir* Dessins)

JACOMIN (Alfred-Louis), né à Paris, élève de son père.

Londres, Philadelphie, Amiens, rappel d'argent, Lyon Montpellier et Barcelone.

Chatou (Seine-et-Oise).

273 — Le duo.
274 — Chez la nourrice.

JAUGEY (Mme Jeanne), née à Gray (Haute-Saône), élève de J. Lefebvre et Tony-Robert-Fleury.

Méd. de bronze Amiens 1896. — Méd. de 3e cl. Bourges 1897.

Bourges (Cher).

275 — Marguerite (portrait).
276 — Tête de jeune fille (étude).

JEANNIN (Georges), né à Paris, élève de Paris.

M. H. 1876. — Méd. 1878, 1888, 1889. — H. C.

Paris, rue des Dames, 32.

277 — Bouquet de roses.

JOUSSET (Charles), né à Nantes, élève de A. Stevens et B. Collin.

Paris, rue de Vaugirard, 99.

278 — L'Estacade.
279 — Port de Carthagène (Espagne).

KETZLER-PIED (Mme Yvonne), née à Versailles (Seine-et-Oise), élève de J. Lefebvre, Benjamin-Constant et T.-Robert-Fleury.

Méd. de bronze à Amiens. — M. H. à Rennes. — Méd. d'arg. à Rouen.

Paris, rue Hégésippe-Moreau, 15.

280 — Brunette au tambourin.
281 — Misère.

KUWASSEG (Charles), né à Draveil (S.-et-Oise), élève de son père et Isabey.

Méd. 3e cl. salon de Paris, 1892.

Paris, rue des Dames, 32.

282 — Vue du port de la Ville d'Anvers, sur l'Escaut (Belgique).
283 — Gros temps, barque de pêche.

LABITTE (Eugène), né à Clermont (Oise), élève de Cormon.

Méd. de bronze et arg. Amiens. — Méd. d'arg. Rouen.

Concarneau (Finistère).

284 — Les Sables blancs (Concarneau).
285 — Gardeuse d'oies.

LAIGLE (Alphonse), né à Amiens, élève de Léon Delambre.

Amiens, rue André, 11.

286 — Le soir (Somme à Montières).

LAINÉ (Louis-Auguste-Marie), né à Triel (Seine-et-Oise), élève de J. Lefebvre et A. Sauzay.

Paris, rue Sevestre, 10.

287 — Le Village de Vézillon (Eure).

LALOBBI (Alexandre de), né à Versailles (Seine-et-Oise), élève de Rapin.

La Flèche (Sarthe).

288 — Bords de la Loire.
289 — La Cour du Mont d'Onel (Dordogne).

LAMBERT (Albert), né à Paris, élève de Cabanel, Cormon et Bin.

Au Salon de Paris. 3ᵉ Méd. — 2ᵉ Méd. 1890. — H. C.

Paris, Boulevard Rochechouart, 33.

290 — Five O'clock.

LAMY (Franc).

Paris, rue Ballu, 5.

291 — Soleil d'Automne.

LANDELLE (Charles), né à Laval (Mayenne) élève de Paul Delaroche et Ary Scheffer.

3ᵉ, 2ᵉ 1ᵉʳ Méd. d'or Paris. ✤. — H. C.

Paris. Quai Voltaire.

292 — L'Odorat.
293 — Le Touché.

LANDRÉ (Melle Louise-Amélie), née à Paris, élève de Chaplin, Barrias et Foubert.

En province : Méd. de bronze et d'or

Paris, faubourg St-Honoré, 233.

294 — Un Incroyable.
295 — Une Incroyable.

LA PÉROUSE (Maurice de), né à Troyes (Aube).

Paris-Auteuil, Villa Michel-Ange.

296 — La Réserve — Parc de Maintenon le soir, (Eure-et-Loire).

LAUVERNAY Melle Jeanne, née à Amiens.

Méd. br. Amiens 1895. — M. Versailles. — M. Rennes.

Paris, rue de Rennes, 148.

297 — Fruits d'été.
298 — Portrait

(Voir Dessins)

LA VILLETTE (Mme Elodie), née à Strasbourg, élève de Coroller.

Méd. 3e cl. Salon de Paris 1875. — Méd. 3e cl. E. U. 1889. — H. C. — ✿

Lorient (Morbihan),

299 — La vague, Paramé (Ille-et-Vilaine).
300 — Coucher du soleil à Pontivy-Quiberon (Morbihan).

LAZERGES (Paul), né à Paris, élève de son père.

Méd. 3ᵉ cl. Salon de Paris 1884. — Méd. 2ᵉ cl. 1898. — H. C. — ✣ A.

Asnières (Seine).

301 — Causerie à Bab el Darb.
302 — Arabes traversant une rivière.

LEBLOND (Henri), né à Amiens, élève de Crauck.

Méd. de bronze.

Amiens, avenue Louis-Blanc.

303 — Un jour de congé.
304 — L'écurie de la ferme.
305 — Le printemps.

BOURGEOIS (René le), né à Dieppe (Seine-Inf.).

Laon (Aisne).

306 — Sous bois.

LE CARPENTIER (Alexandre), né à Bayeux (Calvados), élève de J. Lefebvre et B. Constant.

Paris, rue Brézin, 28.

307 — Un vieux ménage. (Intérieur picard).
308 — Le moulin de Fontaine (près Longpré, Somme).
309 — Un chemin en Picardie.

LECLERCQ (Théodore-Thimotée) né à Oresmaux (Somme), élève de M. Glaise et Monginot.

3ᵉ Méd.

Paris. Avenue du Maine, 25.

310 — Retour du marché.

LECOMTE (Mˡˡᵉ Alice), née à Corbeil (Seine-et-Oise), élève de Comerre et Claude.

Méd. de bronze 1ʳᵉ cl. à Langres. — Méd. d'arg. à Dijon.

Paris, rue de Chatillon, 44 bis.

311 — Le Héron.
312 — Grenades.

LEFEBVRE (Georges-Edme), né à Amiens (Somme), élève de de Coninck et Edmond Yon.

Méd. d'arg. et de vermeil à Amiens.

Amiens, rue Charles-Dubois, 16.

313 — Paysage à Cayeux.
314 — Paysage.
315 — Un coin chez mon ami G.

LEFEBVRE Jules-Joseph, Président d'honneur de la Société des Amis des Arts de la Somme, né à Tournan (S.-et-M.), élève de L. Cogniet.

Prix de Rome 1861. — Méd. 1865, 1868 et 1870. — ✻ 1870. - Méd. 1ʳᵉ cl E. U. 1878. — O. ✻ 1878. H. C. — Membre de l'Institut.

Paris. rue de La Bruyère, 5.

316 — Nymphe chasseresse.

LE GOUT-GÉRARD (Fernand-Marie), né à St-Lo (Manche).

Méd. or, argent, Lille, Rouen, Angers, Nimes, Versailles, etc., etc.

Paris, rue de la Victoire, 32.

317 — Sur la place du marché à Concarneau.
318 — Fillette de Concarneau.

LE MAINS (Gaston), né à Tours (Indre-et-Loire), élève de Lehmann et Guillemet.

Dip. d'hon. Perpignan 1886. — 3ᵉ Méd. Rennes 1887. — Méd. Châteauroux 1888. — 2ᵉ Méd. Tours 1892. — Méd. bronze Amiens 1894. — 2ᵉ Méd. Rouen 1896.

St-Cloud (S.-et-O.).

319 — Soirée calme en Bretagne (baie de le Forest).

(Voir Dessins*)*

LEMATTE (Jacques-Fernand), né à Saint-Quentin (Aisne), élève de Cabanel.

Grand Prix de Rome 1870. — M. H. 1872. — 3ᵉ Méd. 1873. — 1ʳᵉ Méd. 1876. H. C.

Toislay, par Nonancourt (Eure).

320 — Jeanne d'Arc écoutant ses voix.

LE POITTEVIN (Louis), né à La Neuville-Champ-d'Oisel (S.-Inf.), élève de W. Bouguereau.

M. H. Paris 1883. — Méd. de 3ᵉ cl. Paris 1886. — Méd. de 2ᵉ cl. Paris 1888. — Méd. de 3ᵉ cl. Paris E. U. 1889. — Méd. arg. Amiens. — H. C.

Paris, rue de Montchanin, 10.

321 — Moutons le soir.
322 — Les luzernes (Paysage).

LEROUX-CESBRON (Charles), né à Saumur (Maine-et-Loire), élève de Pierre Vauthier.

Méd. d'or à Niort 1896.

Paris.

323 — Bords de la Loire.

LE ROUX (Hector), né à Verdun (Meuse), élève de Picot.

✻. — H. C.

Paris, rue Lemercier, 26.

324 — Le Miracle de Claudia Quinta, vestale (Valère-Maxime).

LEROUX (Mˡˡᵉ Marie), né à Amiens (Somme), élève de de Mˡˡᵉ Mackiewicz, et de l'Ecole des Beaux-Arts d'Amiens.

Amiens, Marché Lanselles, 52.

325 — Oranges (nature morte).

(*Voir* Dessins)

LESREL (Adolphe-Alexandre), né à Genets (Manche), élève de M. Gérôme.

Paris, rue Ampère, 85.

326 — Un parchemin de famille.

LEYDET (Victor), élève de Gérôme et Bourges.

Médaillé au Salon des Champs-Elysées, Paris.

Paris, boulevard du Port royal, 72

327 — Toilette.

LIOT (Paul), né à Paris, élève de Guillemet.

M. H Salon Paris, 1888. — Méd. 3e cl. — Peintre du Ministère de la Marine — Offic. d'Acad.

Paris, rue Say, 10.

328 — Les chaumes (Basse-Normandie).
329 — Entrée de village (Basse-Normandie).

LIZÉ (Charles), né à Elbeuf, (Seine-Inf.), élève de Gabriel Ferrier et Flameng.

Méd. de bronze, Amiens. — Verm. et or à Rouen. — Prix du Gouv. à Rouen.

Rouen (Seine-Inf.).

330 — Marine.

LOUPPE (Mlle Léonie), née à Paris, élève de Pierre Bourgogne.
Méd. à Rouen, Dijon, Arcachon, Tunis, etc.
Paris, rue de La Rochefoucauld, 17.
331 — Panier de lilas.
332 — Anémones et violettes.

LOUTREL (Victor-Jean-Baptiste), né à Rouen (Seine-Inf.), élève de Mouilleron.
Paris, rue des Abbesses, 35.
333 — Un dimanche matin.

LUCAS (Paul-Joseph), né à Paris, élève de Léon Perrault et Poterin du Motel.
Paris, boulevard Garibaldi, 90.
334 — Baigneuse.
335 — Biblis changée en source.

LUCAS-ROBIQUET (Mlle Marie-Aimée), née à Avranches (Manche), élève de Félix Barrias.
M. H. et Méd. 2e cl. — Méd. d'or dans plus. Expos.
Paris, rue Bassano, 28.
336 — Un soir dans le Sud Algérien.
337 — Récolte des dattes dans le Sud Algérien.

LUX (Fournier-Lucien), né à St-Cyr-sur-Loire (Indre-et-Loire), élève de l'Ecole des Beaux-Arts et F. Laurent.
Méd. bronze Tours 1892. — M. H. Tunis 1898.
Paris, rue Aumont-Thiéville, 6.
338 — Brouillard du matin sur la Choisille.
(*Voir* Dessins).

LUZEAU-BROCHARD (FERNAND), né à Cholet (Maine-et-Loire), élève de Gérôme et Sautai.

Mention honorable.

Paris, boulevard Montparnasse, 156.

339 — Bénédiction de l'Agneau pascal.
339 *bis* — Château de Clisson.

MACKIEWICZ (Mlle BERTHE), née à Ars-sur-Moselle, élève de J. Lefebvre, Umbricht et Maillard.

Méd. arg. Amiens.

Amiens, rue des Augustins, 41.

340 — Etude.
341 — Paysan vosgien (Etude).

(*Voir* DESSINS)

MAGNE (ALFRED), né à Lusignan (Vienne), élève de Monginot et Jules Lefebvre.

Méd. au Salon de Paris. — ✻ A.

Paris, boulevard Montparnasse, 162.

342 — Les cerises.
342 *bis* — Bonne chère.

MAILLARD (EMILE), né à Amiens, élève de Butin, Duez, Renouf et J. Lefebvre.

M. H. Salon 1888. — E U. 1889. — Méd. Salon 1893. — Méd. or Amiens. — ✻ A.

St-Acheul-Amiens.

343 — Levée des filets.
344 — Marée du soir.
345 — Coucher de soleil.

MANCEAUX (Louis), né à Calvi (Corse), élève de Cabanel.

Beauvais (Oise).

346 — Dans les champs
347 — Vision matinale.

(*Voir* Dessins)

MANGIN (M*me* Marc), née à Dijon (Côte-d'Or), élève de J. Lefebvre, Tony-Robert-Fleury.

Méd. d'or Rouen. — Méd. d'arg. Exp. Internationale de Bruxelles.

Paris, rue Chevert, 29.

348 — Soupes populaires.

MANGIN (Marcel), né à Cherbourg (Manche), élève de J.-P. Laurens et Harpignies.

M. H. au Salon de Paris 1895.

Paris, rue d'Erlenger, 102.

349 — Le rideau rose.

MARAIS (Adolphe), né à Honfleur (Calvados), élève de Busson et Bercherie.

Méd. Paris, 1880, 1883, 1889 E. U. — ✳ 1895. H. C.

Paris, rue Michel-Ange. 80.

350 — Vache blanche dans la prairie.
351 — Vache normande dans la prairie.

MARC (Mme EMÉLIE), née au Mesnil-Sommeville (Seine-Inférieure), élève de Charles Hennequin.

Mention honorable.

Rouen, petite rue St-Lô, 3.

352 — Dans le bois de Belbeuf (Seine-Inférieure).
(*Voir* DESSINS)

MARCHÉ (ERNEST-G.), né à Nemours (Seine-et-Marne), élève de J. Lefebvre et T.-R.-Fleury.

M. H. Salon 1895. — Méd. 3ᵉ cl. salon 1896. — Prix de Raigecourt-Goyon, salon 1898.

Paris, boulevard Richard Lenoir.

353 — Un coin du parc de St-Ange.
354 — Au moulin de Fromonville.

MAREC (VICTOR), né à Paris, élève de J.-P. Laurens.

3ᵉ Méd. 1885. — 2ᵉ Méd. et Gr. Prix du Salon 1886. — Méd. or E. U. 1889 H. C.

Paris, rue de Chabrol, 18.

355 — Atelier de mouleurs.
356 — La bonne du Curé.

MARONIEZ (GEORGES), né à Douai (Nord), élève de Demont-Breton.

Nombreuses méd. en province notamment à Amiens, Charleville, Périgueux, Bordeaux etc. — M. H. Salon 1891.

Cambrai (Nord), rue St-Martin, 16.

357 — Départ de nuit
358 — Dans les falaises.

MARTENS (Ernest), né à Paris, élève de Truphême.

M. H. au Salon. -- 2e méd. à l'exposition de Langres.

Paris, rue Notre-Dame-des-Champs, 28.

359 — Le printemps trouve les oiseaux morts dans les bois.

MARTIN (Mlle Marie), née au Hâvre (Seine-Inférieure), élève de Mme Desmarquet-Crauck et de Ch. Monginot.

Méd. br. 1892 et arg. 1896 Amiens.

Amiens, rue Boucher-de-Perthes, 11

360 — Vieux souvenirs.
361 — Roses de Nice (appartenant à M. P...).
362 — Souvenirs de vacances (huit paysages).

(*Voir* Dessins).

MARTINOL (Emile-François), né à Paris, élève de L. Chéret et C. Beauverie.

Paris, rue des 3 Frères, 54.

363 — La ferme Lasnier, au mont de Bonneil, environs de Château-Thierry (Aisne).

MASCART (Gustave), né à Valenciennes (Nord), élève de Durand Brager.

✪ A. — 1 dipl. — 8 méd. — 2 mentions

Paris, rue Caulaincourt, 65.

364 — La Seine à St-Denis.
365 — Boulevard des Italiens.

MASSE (Jean-E.-Julien), né à Meaux, (Seine-et-Marne), élève de Bouché et Delambre.
Paris, rue de Chabrol, 16.

366 — La Marne, Lusancy (effet de neige).

MASSON (Arthur), né à Beauvais (Oise), élève de Pharaon de Wintel.
Ment. à Versailles.
Pontoise (Seine-et-Oise).

367 — Le vieux bateau.
368 — Bords de l'Oise à Beaumont.

MASURE (Jules), né à Braine (Aisne), élève de Corot.
Méd. 1886. — 2ᵉ cl. 1881. — Méd br. E. U. 1889.
Paris, rue Boissière, 19.

368 *bis.* — Après-midi d'octobre à Wimereux.

MATHIEU (Camille-Jean), né à Crenay (Haute-Marne), élève de Léon Tanzi.
Officier de l'Instruction publique.
Boulogne (Seine), grande rue, 87.

369 — Commencement de printemps.

Voir Dessins

MATHIEU (Gabriel), né à Paris.
M. H. au Salon de Paris 1895. — Méd. d'arg. E. U., de Dijon 1898.
Champigny-sur-Marne (Seine), rue Thiers, 9.

370 — Bords de la Marne à Champigny.
371 — Bords de la Marne à Champigny.

MATHIEU-LOLLIOT (Mme Marie), née à Alger, élève de Bouguereau, Jules Lefebvre et de Chaplin.

Méd. à d'Amiens. — Méd. d'arg. Boulogne. — Méd. à Lille.

Paris, rue Mausart, 13.

372 — Ninon.

MAZARD (Alphonse-Henri), né à Paris.

Paris, rue N.-D.-des-Champs.

373 — Lavoir champêtre (Baulne, Seine-et-Oise).
374 — Les coquelicots.

MELICOURT (Horace), né à Rouen, élève de J.-P. Laurens.

Dieppe (Seine-Inférieure).

375 — Jardin.
376 — Rivage.

MELIN DE VADICOURT (Melle Jeanne Marie-Louise), née à Blendecques (Pas-de-Calais), élève de Van Acker.

Méd. de br. Amiens 1894.

Occoches (Somme).

377 — Verdure de Flandre.

MÉNARD (Victor-Pierre), né à Nantes, élève de Doucet, Bray et Jules Lefebvre,

Paris. rue de Chabrol, 18.

378 — Fileuse (Bretagne).
379 — La loge du Sabotier (Bretagne).

MERCIER (Melle Andrée), née à Amiens.

Amiens, rue Lemaître, 2.

380 — Nos marais l'hiver.
381 — Vagues.

(*Voir* Dessins)

METZ (Mme Émilie de), née à Paris, élève de Eugène Claude.

Asnières, rue Chanzy 10.

382 — Asperges et fraises.
383 — Cueillette de prunes.

MOISSET (Maurice), né à Paris, élève de J. Lefebvre et Dameron.

M. H. Salon Paris.

Paris, rue Viète, 3.

384 — Bords de Seine à St-Germain.
385 — Ferme en Picardie.

MONCHARMONT (Melle Denise-Constance), née à Paris, élève de Poulin Bertrand.

Méd. br. E. U. 1889. — 🏵 A.

Paris, avenue Parmentier, 179.

386 — Vieux pommier à Auvers-sur-Oise.

MONCHENU (Melle Jane de), née à Paris, élève de Merson, Collin, Baschet, Schonner.

M. Lyon. — M. Béziers.
Paris.

387 — Portrait de l'auteur.
388 — Portrait de jeune fille.

MONTHOLON (François de), né à Paris, élève de G. Boulanger et J. Lefebvre.

Mentions et Médailles. — Prix de Raigecourt-Guyon (Société des Artistes Français).
Paris, rue des Martyrs, 20.

389 — Un coin de jardin picard.
390 — Dans les marais (matin).

MORIN (Mme Gabrielle), née à Paris, élève de Fournier des Carats, Maillard et Morlon.

Méd. de bronze et de vermeil Amiens. — Méd. d'or à Rouen.
Eu, Boulev. Victor-Hugo, 68.

391 — En vue du port.

MORLON (Antoine-Paul-Emile), né à Sully-sur-Loire (Loiret).

Mention 1883. — Méd. 3e cl. 1885, 2e cl. 1887, bronze 1889 E. U. H. C.
Paris, rue de l'Orient, 9.

392 — Marie-Antoinette et ses enfants, au Petit Trianon.

<blockquote>C'est pendant cette dernière promenade que la Reine fit le 5 octobre 1789, qu'on vint la prévenir que Paris marchait contre Versailles.</blockquote>

MOTELEY (Georges), né à Caen (Calvados), élève de Jules Lefebvre et G. Guay
M. H. Salon. — 3ᵉ Méd. Salon. — Prix de l'Institut — Méd. de la ville d'Amiens.
Paris, rue Fontaine, 38 bis

393 — Lavoir abandonné dans les bois de Clerey (Normandie).

394 — Petit pêcheur.

MOUILLEZ Charles, né à Lille (Nord).
Auxi-le-Château (Pas-de-Calais).

395 — Portrait.

MOUSSY Mlle Rita, née à Paris, élève de Jules Lefebvre et de Mme Rousteaux-Darbour.
Méd. de bronze à l'Expos. du Travail, Section des Beaux-Arts. année 1898, à Paris.
Paris, rue La Bruyère, 49.

396 — La Femme au poignard.

MOUTTE (Alphonse), né à Marseille, élève de Meissonnier.
H. C. aux Salons de Paris. — ✻.
Marseille.

397 — A Notre-Dame-de-la-Garde (Marseille).

NANTEUIL-GAUGIRAN (Charles), né à Paris, élève de Gleyre.
3ᵉ et 2ᵉ Méd. à Paris. H. C.
Paris, rue St-Pétersbourg, 24.

398 — Cour de ferme : un charretier fait boire ses chevaux.

NÉRAT (Mlle Louise-Marie).
Montereau, rue Port des Fossés, 25.

399 — Pavots.

ORANGE (Georges), né à Maromme (Seine-Inférieure), élève de Yon et Sauzay.
Mention très honorable à Caen.
Paris, rue Jouffroy, 34.

400 — Matinée de novembre à St-Pierre du Vauvray.

PARQUET (Gustave), né à Beauvais (Oise).
Nombreuses ment. et méd. en France et à l'étranger.
Paris, faub. Saint-Honoré, 233.

401 — Un relancé.
402 — Papa Miro.

PAUPION (Edouard), né à Dijon (Côte d'Or), élève de Gérôme.
Dipl. d'hon. Moulins. — Méd. d'or, Tunis, Dijon, Lyon. — Arg. vermeil, Langres, Chaumont, etc. — 3e méd. Salon des Champs Elysées.
Dijon, rue Devosge, 80.

402 bis. — Ermite pyrénéen.
403 — La Fête Dieu.

PAYMAL-AMOUROUX (Mlle Blanche) née à Paris, élève de J. Lefebvre, Benjamin Constant, et J.-P. Laurens.
M. H. Versailles — M. H. Paris. — Méd. bronze Amiens. — Méd. arg. Rouen. — Méd. verm. Rouen.
Paris, avenue Grande Armée, 78.

404 — Jeune femme empire.

PERATE (Mme Teresa), née à Paris, élève de Maillard et Rigolot.

Nombreuses Mentions et Médailles.

Paris, rue Delaborde, 44.

405 — Notre-Dame de Paris.

PERDRIZET (Auguste-Adolphe), né à Lille (Nord).

M. H. à l'E. U. 1889. ✿ A.

Courbevoie (Seine), avenue de la République, 50.

406 — Paysage.
407 — Soubrette.

(*Voir* Dessins)

PERRET (Aimé), né à Lyon, élève de l'école de Lyon.

Méd. 3e cl. 1877 Paris. — Méd. 2e cl. 1888 Paris. — Méd. E. U. 1889. — Dipl. d'honneur. E. U. Chicago, Méd. Bruxelles, Limoges, Lyon, Dijon. — ✿.

Paris, cité Malesherbes, 20.

408 — L'angelus.
409 — Retour de fête en Bourgogne.

PERRIN (Mlle Laurence), née à Lyon (Rhône), élève de Loubet et Sicard.

Méd. bronze Narbonne 1895. — Méd. d'or Arcachon 1897. — Méd. bronze Dijon 1898.

Lyon, rue du Plat, 24.

410 — La laitière.

PESCADOR-SALDANA (Félix), élève de Bonnat.

3e méd.

Paris, rue d'Artois, 22.

411 — Flirt.

PETILLION (Jules), né à Paris, élève de Loir Luigi.

Créteil (Seine), grande rue, 147.

412 — Le Palais de Justice le soir.
413 — Avenue Charcot à Lamalou.

PETIT-GÉRARD (Pierre), né à Strasbourg élève de Gérôme.

M. H. — Méd. 3e cl.

Paris, boulevard de Clichy, 60.

414 — Passage d'un gué.
415 — Un zouave.

PETITJEAN (Edmond), né à Neufchâteau (Vosges).

M. H. 1881. — 3e Méd. 1884. — 2e Méd. 1885. — Méd. arg. E. U. 1889. — ✤ 1892. H. C.

Paris, rue Alfred Stevens, 3.

416 — Le Tréport.

PETIT (Loïc), né à Rennes (Ille-et-Vilaine), élève de Darcy et Roy.

Méd. Rennes, St-Servan, Nimes, Alençon.

Rennes (Ille-et-Vilaine).

417 — Vallée de Mortain (Manche).
418 — Chemin sous Bois à Rottieneuf (Ille-et-Vilaine).

PEYTEL (Mme ADRIENNE), né à Versailles, élève de Diogène Maillart et Kuwasseg.
M. H. Versailles 1894. — Méd. d'arg. Versailles 1895. Rappel de Méd. Versailles 1896.
Paris, rue des Dames, 33.

419 — Vue de St-Jean-du-Doigt (Finistère).

PEZANT (AYMAR), né à Cayeux (Calvados), élève de Vuillefroy.
H. C.
Paris, rue du Delta, 19.

420 — Au soleil couchant.

PIET (FERNAND), né à Paris, élève de Cormon et Carrière.
✪ A.
Paris, rue Rochechouart, 38.

421 — Marché de Midelburg (Zélande).

PLANQUETTE (FÉLIX), né à Arras (Pas-de-Calais), élève de Adrien Demont et Cormon.
Arras, petite place.

422 — La mare d'Intéville (Cotentin).
423 — Soir d'automne dans la Creuse.

POLART (ALBERT-JEAN), né à Amiens, élève de Ed. Duthoit et Albert Maignan.
Méd. d'arg. Amiens.
Paris, rue de Vaugirard, 99.

424 — Notre-Dame-de-Brebières. — Maquette pour une mosaïque destinée à la décoration du porche de la basilique d'Albert (Somme).

POLI MARCHETTI (Alice), née à Cherchel (Algérie), élève de J. Lefebvre, Benjamin Constant et J.-P. Laurens.

M. H. à Amiens.

Paris, place des Vosges, 4.

425 — Nature morte (grenades et raisins).

(Voir Dessins)

PONCET Jean-Baptiste, né à St-Laurent de Mure (Isère), élève de Flandrin.

Méd. 1861 et 1864. — H. C.

Lyon (Rhône), Palais des Arts.

426 — Jésus descendu de la croix.
427 — Femme grecque à sa toilette.

POSELER (Paul-Louis), né à Paris, élève de l'Ecole des Beaux-Arts et de G. Guay et Géry-Bichard.

Tunis : 1re Méd. — Rappel de 1e méd. — Versailles : 3e méd. 2e méd.

Paris, rue de Marseille 10.

428 — Souvenir de voyage (vallée de la Meuse).
429 — Souvenirs d'Anvers et Ostende.

(Voir Dessins)

PRELL (Walter), né à Leipsik (Saxe), élève de Jean-Paul Laurens, Benjamin Constant et Alb. Rigolot.

Méd. d'arg., Londres 94 et 98, Lille 96, Versailles 97. Méd. verm. Langres 1895. — Méd. d'or Rennes 1897.

Paris, rue Crétet, 2.

430 — Après-midi dans les dunes (Côtes-du-Nord).
431 — Les carrières de Pléhérel (Côtes-du-Nord).

PRÉVOST (Mlle Marie - Louise), née à Amiens, élève de Mlle Régina de Coninck.

Amiens, boulevard Carnot, 24.

432 — Chrysanthèmes.

(*Voir* Dessins)

PRINTEMPS (Léon), né à Paris, élève de G. Moreau, Merson, Morot.

3e Méd. à Amiens en 1897. — 3e Méd. Lille 1897.

Paris, rue St-Georges 41.

433 — L'enfant à l'iris.

(*Voir* Dessins)

PROUVOST (Ernest), né à Roubaix, élève de Puon.

Roubaix, rue des Arts, 116.

434 — Les rochers à Carthage (Tunisie).
435 — Rue Si-del-Bechir (Tunis).

QUIGNON (Mlle A.-M.), née à Dunkerque, élève de Mme de Cool et Baudouin.

Mention et 3 Méd. dont une à Amiens.

Amiens, rue de l'Union, 6.

436 — Roses trémières et pavots.

(*Voir* Dessins)

RABEUF (Mlle Marie), née à Paris, élève de Mlles Louvet et Mackiewicz.

Méd. Expos. Rouen. — 3e à Amiens.

Amiens, rue Riolan, 1.

437 — Route de St-Sauveur à Gavarnie-le-cahot Paysage des Pyrénées.

RAIWEZ (Mlle Lia), née à Bouvignes, élève de Jules Lefebvre et Jean Aubert.

Méd. de bronze en 1894.

Paris, rue Littré, 18.

438 — Five o'clock tea !

RAMART (Maurice), né à Lille (Nord), élève de G. Boulanger.

Paris, Avenue du Maine, 8.

439 — Vénitienne.

(Voir Dessins)

RAPILLY (Léon-Henri-Marie), né à Paris, élève de P. V. Galland et Paul Schmitt.

Méd. d'arg., Expos. d'Amiens 1894. — Méd. de bronze Expos. d'Amiens 1890.

Paris, rue Gay Lussac, 44.

440 — Le Pont de Moret-sur-Loing.

RAVANNE (Gustave), né à Meulan (Seine-et-Oise), élève de Bonnat, Busson, Cormon.

M. H. 1887. — Méd. bronze E. U. 1889. — Prix Raigecourt-Goyon en 1894. — 2e Méd. 1895. — H. C.

Paris, rue Caulaincourt, 55.

441 — Carénage d'une chaloupe.
442 — Chercheurs d'épaves.
443 — Pêcheur de moules (Marée basse).

RÉALIER-DUMAS (MAURICE), élève de Gérôme.

M. H. 1886. — M. H. 1889 E. U. — Méd. 3e cl. 1896.

Chatou, rue d'Epremesnil, 1, (Seine-et-Oise).

444 — Tusculum.
445 — Les hautes eaux.

REBUT (LOUIS-ANDRÉ), né à Paris, élève de Jules Lefebvre et T.-Robert Fleury.

Paris, rue de Dunkerque, 57.

446 — Dans l'atelier (intérieur).

RENARD (EMILE), né à Sèvres (S.-et-O), élève de Cabanel et César de Cock.

3e Méd. 1876, 2e 1889, arg. E. U. 1889. — ✻ 1895.

Paris, rue Geoffroy-L'Asnier, 30.

447 — Intérieur normand.

RENARD (MARY), né à Colonard (Orne), élève de A. Veillon, Sain et Gérôme.

Récompenses en province.

Alençon (Orne).

448 — Nénuphars.
449 — Environs d'Alençon.

REY (ALFRED), né à Péronne (Somme), élève de Delambre.

Péronne (Somme).

450 — Pêcheurs.

(*Voir* DESSINS)

PEINTURE.

RICHTER (Ed.), né à Paris.

Paris, rue des Martyrs, 23.

451 — Première leçon.

RIQUET (Gustave), né à Nîmes (Gard), élève de P. V. Galland et Dubufe.

Amiens, avenue d'Edimbourg, 42.

452 — Une hallucinée.
453 — Projet de décoration pour l'Eglise de Boves.

(*Voir* Dessins)

RIXENS (André), né à St-Gaudens (Haute-Garonne, élève de Gérôme.

H. C. aux Expos. de Paris. — Méd. d'or E. U. 1889.

Paris, rue Boccador, 5.

454 — Procession dominicale dans le cloître de St-Bertrand de Comminges.

ROCHEGROSSE (Georges), né à Versailles (Seine-et-Oise), élève de Lefebvre et Boulanger.

H. C. — Prix du Salon. — ❋.

Paris, boulevard Berthier, 61.

455 — Portraits.

ROUAIX (Mme Jeanne), née à Paris, élève de Roll et Conty.

Méd. à Limoges, Amiens, Castres, Alençon. — Méd. d'or Toulouse 1895. — 2 Ment. Honor. Versailles, une à Tunis.

Paris, rue Nollet, 75.

456 — Chysanthèmes.
457 — Fromages.

ROULLET (Gaston), né à Ars, Ile de Ré (Charente-Inférieure).

✽. — H. C.

Paris, rue de Lille, 34.

458 — Les ruines de la Mohamédia près de Tunis (Tunisie).

(*Voir* Dessins)

ROUSSEL (Charles), né à Tourcoing, (Nord), élève de Cabanel et Tattegrain.

Berck-Plage, (Pas-de-Calais).

459 — La prière avant la mise des filets dans le bateau.
460 — Bateau désarmant.

ROUSSEL (Georges, né à Beauvais (Oise), élève de Cabanel et Maillot.

2e Méd. — Bourse de voyage. — H. C.

Paris, rue Spontini, 43.

461 — Les audiences du matin à Trianon.

ROUTIER (Henri-Edmond), né à Péronne (Somme), élève de Rey.
Péronne (Somme).

462 -- Château de Péronne.

ROUVILLAIN (Angilbert), né à Vaux-sur-Somme
Corbie.

463 — Sentier sous bois (propriété de M. Baillet, agréé à Amiens).

F. ROYBET (Ferdinand), né à Uzès (Gard) H. C. ※
Paris, rue Mont-Thabor. 24.

464 — Duc d'Orbinio.

ROYER (Charles), né à Langres, élève de Henner.
Nombreuses méd. en province. — Tunis. méd. d'or 1888. — Londres, méd. d'or de 1e cl. 1888. — Genève, méd. d'or, 1889. — Barcelone, grand dipl. d'honn., 1891. — Officier de l'instruction publique.
Langres.

465 — Pêche à la ligne.
466 — Mireille.

RUDAUX (Henri E.), né à Paris, élève de son père, de J. Lefebvre et de T.-Robert Fleury.
Prix Brizard. salon de 1893. — M. H., salon de 1897. — Prix Brizard, salon de 1897. — méd. de bronze, Amiens.
Paris, rue Clauzel, 10.

467 — Le Nil.
(*Voir* Dessins).

SACHY (Henri de), né à Paris.
Paris, Ecole des Beaux-Arts, rue Bonaparte, 14.

468 — Vilerville — Marée basse — Soleil couchant.
469 — Montmartre, la nuit.

(*Voir* Dessins).

SAIN (Edouard), né à Cluny (Saône-et-Loire), élève de l'Académie de Valenciennes (Nord) et de M. Picot.
M. H. 1857, 1859, 1861. — Méd. Ex. Univ. 1866. — Méd. 3e cl. 1875. — ✠ 1877. — Méd. d'arg. E. U. 1889.
Paris, rue Taitbout, 80.

470 — Marchande de corail (Capri).

SAIN (Mlle Emilie-Edouard), né à Nanterre (Seine), élève de son père.
Paris, rue Taitbout, 80.

471 — Sous la Pergola (Capri environs).
471 bis — Vue du Vésuve (Capri environs).

SAIN (Paul), né à Avignon (Vaucluse), élève de Guilbert d'Anelle et de Gérôme.
H. C. — ✠ — ⚜ A.
Paris, rue du Dragon, 33.

472 — Matinée d'été à St-Cénery-le-Géret (Orne).
473 — Le lac Léman; pointe de Ripaille (côte de Savoie).

SAINT-BLANCAT (Jean-Pierre), né à Toulouse (Haute-Garonne), élève de Cormon.
Paris, faubourg St-Denis, 174.

474 — Dans le Lauraguais.
474 *bis* — Descente de croix.
(*Voir* Dessins).

SARAZIN (Mlle Marguerite), née à Charleville (Ardennes), élève de Damus et Troucy.
Ment. Lille, Saint-Etienne.
Charleville (Ardennes).

475 — Pivoines.
476 — Fleurs des champs.

SAUTAI (Paul-Emile), né à Amiens, élève de Jules Lefebvre et de T. Robert Fleury.
Méd. 1870. — Méd. 2e cl. 1875. — Méd. 3e cl. 1878 (E. U.) — ✻ 1885. — méd. d'or 1889 (E. U.).
Paris, rue Notre-Dame-des-Champs, 74.

477 — Femme de Saint-Jean-de-Luz allant à l'église.
478 — Souvenir du pays basque.

SAUVÉ François-Joachim, né à Coisy (Somme), élève de Ch. Crauk.
Méd. br. 1879. Amiens.
Rouen (Seine Inférieure).

479 — Orphée.
480 — Chrysanthèmes.

SAUZAY (Jacques-Adrien), né à Paris, élève de A. Pasini.

H. C.

Paris, rue Sevestre, 10.

481 — Vieux bateaux à Berck.

SCHMITT (Paul-Léon-Félix), né à Paris, élève de Guillemet.

H. C.

Paris, rue Boissonade, 12.

482 — Les prairies et l'église de la Ville haute (Quimperlé).
483 — Montigny-sur-Loing (Seine-et-Marne).

SEBILLEAU (Paul), né à Bordeaux (Gironde), élève de Auguin.

M. H. Paris 1884. — Méd. 3e cl. E. U. Paris 1889.

Bordeaux (Gironde), rue Duplessis, 14.

484 — Décembre aux environs de Bordeaux.
485 — Matinée brumeuse à Langeais (Indre-et-Loire).

SERRIER (Georges-P.-H.), né à Thionville (Lorraine), élève de Gagliardini.

Méd. br. Amiens 1890 — M. H. Paris 1893-1894.

Paris, rue de Douai, 65.

486 — Rue de village en Quercy.
487 — Au bord de la Cère.

SHONBORN (John-Lévis), né à Memora (Etats-Unis), élève de Bonnat.

Méd. Amiens.

Amiens, rue Lemerchier, 4.

488 — L'oasis.
489 — Allant au marché.

SIMONNET (Lucien), né à Paris, élève de G. Boulanger, Nozal et J. Lefebvre.

H. C.

Sèvres, rue des Rouillis, 3.

490 — Le vieux pont à Villeneuve.
491 — Le printemps.

SON (Johannès), né à Lyon, élève de Barillot et E. Yon.

Plusieurs méd. en province. — M. H. Paris. — ✥ A.
Paris, rue Molière, 20.

492 — Matinée d'été à Bouvent (Ain).
493 — Crépuscule à Oussiai (Ain).

SOUZA PINTO (Jose-Julio de), né à l'île Terceira (Portugal), élève de Cabanel.

H. C. ✥

Paris, faubourg St-Honoré, 235.

494 — Fête de vieux.

STIÉVENART DE REUL, né à Bruxelles.

Wissant (Pas-de-Calais).

495 — Convalescence.
496 — Vers le soir.

STIÉVENART (Fernand), né à Douai, (Nord), élève de Boulanger et A. Demont.

Ment. Salon 1893. — 2ᵉ Méd. E. U. Anvers 1894. — 1ᵉ Méd. Exp. Lille. — Méd. Exp. Amiens.

Wissant (Pas-de-Calais).

497 — Plaine endormie.
498 — Soirée d'octobre.

STOLZ (Mˡˡᵉ Andréa), née à Paris, élève de J. Geoffroy, Tony-Robert-Fleury, et J. Lefebvre.

Paris, rue Jacquemont, 14.

499 — Portrait de Marcel de J.

TACONET (Mˡˡᵉ Jeanne), née à Orléans, élève de P. Bourgogne.

Mentions et Médailles Versailles, Moulins, Dijon, Amiens, Montpellier, Lyon, Rouen, Rennes

Versailles, rue de Mouchy, 2.

500 — Chrysanthèmes.
501 — Une ferme en Saintonge.

TALLON (Jules), né à Beauvais (Oise), élève de l'Ecole du 6ᵉ arrondˡ de Paris.

Amiens, rue Bellevue, 34.

502 — Vieux souvenirs.
502 *bis* — Retour du pâturage.

TATTEGRAIN (Francis), né à Péronne (Somme), élève de Lepic, G. Boulanger, Cranck et Jules Lefebvre.

Hors concours. 🎖

Paris, Boulevard Clichy, 12.

503 — Campement de pêcheurs dans la baie d'Authie.
503 *bis.* — Le Représentant de la Compagnie.

(*Voir* Dessins)

TENRE (Henry), né à St-Germain-en-Laye (Seine-et-Oise), élève de Jules Lefebvre,

Paris, rue Villejust, 36.

504 — Le Parterre du Grand Trianon.
504 *bis* — Bassin à Trianon.

(*Voir* Dessins)

TESSIER (Louis-Adolphe), né à Angers (Maine-et-Loire), élève de Gérôme.

Ment. Salon 1886.

Angers (Maine-et-Loire).

505 — Un verre de cidre au coin du feu.

TÊTE (Maurice-Louis), né à Roanne (Loire), élève de Plument.

Paris.

506 — Solitude (Loire).

THIBAUDEAU (Julien), né à Breloux (Deux-Sèvres), élève de Gérôme et Combe-Velluet.

M. H. Salon 1888.

Paris, rue Notre-Dame-des-Champs, 85.

507 — La digestion de Son Eminence.

THOMAS (Pierre-Joseph), né à Breteuil (Oise), élève de de Coninck et Jules Boquet.

Méd. de bronze à Amiens en 1896.

Amiens.

509 — Nature morte.

THURNER (Gabriel), né à Mulhouse (Français), élève de Chabal Dussurgey.

M. H. 1883. — Méd. 3e cl. 1887. — Méd. 2e cl. 1893. — H. C.

Paris, rue des Volontaires, 14.

510 — Fruits.
511 — Panier de roses.

TIMMERMANS (Louis), né à Bruxelles (Français), élève de l'École des Beaux-Arts

Dip. d'hon. Avignon, Versailles. — Méd. d'or Arcachon, Versailles et plusieurs autres.

Paris, rue Aumont-Thiéville, 2.

512 — Sur l'Escaut (Hollande).
513 — Effet de lune (Anvers).

TOUSSAINT (Pierre), né à Loroquesteron (Alp.-Marit.), élève de J. Rave et Jeanroy.

Paris, rue des Boulets, 18.

514 — Double accident (sujet de genre).
515 — Violoniste (sujet de genre).

TRONEL (Edouard-Charles), né à Elbeuf (Seine-Inf.), élève de J. Lefebvre et G. Boulanger.

Méd. bronze Amiens, Dijon, Alençon, Rouen.

Paris, Villa Montmorency, 4.

516 — Avant-Port de Honfleur.
517 — Port d'Amsterdam.

TURIN (Mlle Renée), élève de Mlle Poidevin et de E. Renard.

Ment. Hon.

Paris, rue de Rivoli, 14.

518 — Boudeuse (Etude de petite fille).

VAN DER LINDEN (Emile), né à Beveren-waas (Belgique), élève de Nicaise de Keyzer et Beaufaux.

Amiens, rue de Metz-l'Evêque, 6.

519 — Masure.

VAN HOLLEBEKE (Alphonse-Antoine), né à Beauvais (Oise), élève de F. Tattegrain.

Mention à Boulogne-sur-Mer.

Vaudancourt (Oise).

520 — Epave à Berck.
521 — Ferme en Picardie.

VAN MELLE (Henri), né à Anvers, élève de Canneel.

2ᵉ Méd. Anvers. — Méd. à Cologne. — Méd. à Bordeaux. *Gand.*

522 — L'Escaut à Audenarde.
523 — Vieil Escaut à Audenarde.

VIANELLI (Albert), né à Naples (Italie), élève de Jules Lefebvre.

Méd. de bronze E. U. Paris 1889. — Méd. d'arg et de verm. à Amiens.

Paris, place Malesherbes, 14.

524 — Intimité.

(*Voir* Dessins).

VILLARS (Frantz de), né à Nonancourt (Eure), élève de Ch. Kuwasseg.

1ᵉ méd. académie du Maine et autres mentions.

Paris, rue Lemercier, 28.

525 — Epave à Port-aux-voleurs (Finistère).
526 — Remorqueur

VILLEBESSEYX (Mme Jenny) née à Lyon (Rhône), élève de Ph. Rousseau et Aimé Millet.

M. H. salon Paris — M. H. E. U.

Paris, rue Frochot, 10.

527 — Fin de saison.
528 — Roses d'automne.
529 — Cyclamens.

VILETTE (Léon), né à Onnaing (Nord).

Amiens.

529 *bis* — Vision.

WEIS (Adolphe), né à Bade.

3e et 2e méd. — H. C.

Paris, place Pigalle, 11.

530 — Coquette.
531 — Le secret.

ZUBER (Jean-Henri), né à Rixheim (Alsace).

H. C.

Paris, rue de Vaugirard, 59.

532 — Un vieux pont sur la Loue.

ZWILLER (Marie-Augustin), né à Didenheim (Alsace).

3ᵉ méd. 1892. — 2ᵉ méd. 1896. H. C.

Neuilly-sur-Seine, villa Méquillet, 3.

533 — La prière.

DESSINS

CARTONS, AQUARELLES, PASTELS, GRAVURES,

MINIATURES, VITRAUX, MÉTAUX

PORCELAINES, FAÏENCES

ART DÉCORATIF

ALKAN LÉVY (Fernand), né à Amiens, élève de Benjamin Constant, J.-P. Laurens et Gérôme.

Paris.

533 *bis*. — Jeune fille.

(*Voir* Peinture)

ALLAIN-TARGÉ (Melle Marguerite), née à Paris, élève de Mme Leclercq-Rouhier, Pierson et Gabriel Ferrier.

Paris, rue Frédéric Bastiat, 1.

534 — Tête de vieillard.
535 — L'ébouriffée.

(*Voir* Peinture)

ALLAIN-TARGÉ (Melle Marie), née à Sens (Yonne), élève de Mme Leclercq-Rouhier et Gabriel Ferrier.

Paris, rue Frédéric Bastiat, 1.

536 — Vieillard hollandais.

ANSART (Pierre), né à Amiens, élève de Albert Roze et d'Astruc.

Méd. arg. Amiens.

Amiens, rue St-Dominique, 11.

537 — Ex libris. — Marques. — Monogrammes
538 — Saint Georges. Etude de vitrail pour l'hôtel de M. R.

AROLF.

Paris, rue Marbeuf, 9.

539 — Victoria.

AROSA (Mlle Marguerite), née à Paris, élève de Barrias.

Paris, rue Juliette Lambert, 1.

540 — Brouillard.

(*Voir* Peinture)

BARBEY (Mme Jeanne-Julienne), née à Douai (Nord), élève de Stiévenart, Jules Lefebvre et Tony-Robert Fleury.

Flixecourt.

541 — Tête de fillette, étude.
542 — Etudes de fleurs.
543 — Etudes de fleurs.

BARIL (GÉDÉON), né à Amiens.
Méd. arg. Amiens.
Amiens.

544 — L'étude du menu.

BARILLOT (LÉON), né à Montigny-lès-Metz (Lorraine), élève de Bonnat.
Paris, rue de la Tour d'Auvergne, 16.

545 — L'étable.
546 — Les étangs de St-Paul-de-Varax (Ain).

(Gravures originales à l'eau forte)

(*Voir* PEINTURE)

BARRANDE (Melle MARIE), née à Lagny (Seine-et-Marne), élève de Topart et de Karl Robert.
Méd. arg. Boulogne. — Méd. br., arg., verm. Amiens.
Amiens, boul. d'Alsace-Lorraine, 75.

547 — Portraits de M^{elles} E. et H. Delande, L. Royer et L. T.
548 — Angélus.
549 — Au Tréport.

BARRÈRE (Mme ANNE-MARIE), née à Bordeaux (Gironde), élève de Gadon et Maxime Lalanne.
Amiens, route de Rouen, 153.

550 — Nid dans les fleurs.

BARTHALOT (Marius), né à Marseille (Bouches-du-Rhône), élève de Cabanel, Bonnat et St-Pierre.

Paris, rue Alfred Stévens, 3.

551 — Pêcheur d'oursins.

(*Voir* Peinture)

BARTHÉLEMY (Mme Angèle), née à Mèze (Hérault), élève de Barrias, Tony-Robert Fleury, Henner et Carolus Duran.

Paris, rue Spontini, 13.

552 — Anémones.

BELLANGER-ADHÉMAR (Paul), né à Fontainebleau (Seine-et-Marne), élève de Jules Lefebvre et Cormon.

Paris, rue Victor Massé, 31.

553 — La baie de Douarnenez.

(*Voir* Peinture)

BERNARD (Melle Marguerite), née à Paris, élève de Lefebvre et T.-Robert Fleury.

Paris, rue Ballu, 31.

554 — Tabarin (éventail).

BIVA (Henri), né à Paris, élève de Alexandre Nozal et Léon Tanzi.

Paris, rue du Château d'Eau, 72.

555 — Roses.
556 — Grands chrysanthèmes.

(*Voir* Peinture)

BLANDY (Melle Jeanne-Marcelle), née à Paris, élève de Sieffert.

Méd. de bronze, Londres 1890. — Méd. d'arg. Dijon 1899.

Paris, rue Lemercier, 36.

557 — Clématite bleue.

BOIGNARD (Camille), né à Avelesges (Somme), élève de J.-P. Laurens et B. Constant.

Paris.

558 — Croquis de voyage (Normandie).

(*Voir* Peinture).

BOILLAT (Mlle Lucie), née à Paris, élève de l'école de dessin et de Juinon et Douzel.

Paris, boulevard de la Chapelle, 25.

559 — Gazouillements.
560 — Sujet Louis XV ivoire.

BOUCHER (Melle Jeanne), née à Paris, élève de Henri Levy.

Paris, rue Godot de Mauroi, 1.

561 — Fleurs d'automne.

BOUCHEROT Melle Zulma, née à Bordeaux (Gironde), élève de Melle Voruz.

M. H. Tunis 1896 ; Rochefort 1898. – Méd. bronze, Arcachon 1897.

Paris, rue de l'Annonciation, 7.

562 — Giroflées.

BOURGEOIS (Victor-Ferdinand), né à Amiens, élève de Merson et Delambre.

Paris.

563 — Carton de "Fin de rude journée" (salon 1899.

(Voir Peinture)

BRET-CHARBONNIER (Mme Claudia), née à Lyon.

Lyon, rue de l'Hôtel-de-Ville, 65.

564 — Roses.

BRICLOT (Paul-Charles), né au Hâvre (Seine-Inférieure), élève de Daumet.

Amiens.

565 — Projet de théâtre.

BRIÈS (Mme Fanny), née à Châteauroux (Indre), élève de Chaplin.

Paris, avenue de Villiers, 121.

566 — L'été.

BURGKAN (Melle Berthe), née à Paris, élève de G. Boulanger, J. Lefebvre, T. Robert Fleury et Benjamin Constant.

M. H. Salon 1885. — M. H. exp. Univ. 1889.

Paris, rue Boissonade, 6.

567 — Salammbô.

CARON (Henry-Paul-Edmond), né à Abbeville (Somme), élève de Caudron, Cartier et Rixens.

Paris, rue d'Assas, 89.

568 — La Seine à Port-à-l'Anglais par un temps couvert.

(*Voir* Peinture)

CARPENTIER (Melle Madeleine), née à Paris, élève de Luminais et J. Lefebvre.

Paris, rue de Maubeuge. 60.

569 — Pivoines.

(*Voir* Peinture)

CASPERS (Mlle Pauline), née à Paris.
Méd. arg. Paris, Dijon, Versailles, etc. etc.

Nogent-sur-Marne, rue de Plaisance, 16.

570 — Fleurs de mai.
571 — Fantaisie.

CESBRON (Achille), né à Oran (Algérie).
Paris, rue Jacquemont, 13.

572 — La moisson (1898).

(*Voir* Peinture)

CHALLIÉ de (Mlle Alphonsine), née au château de Gaultret (Deux-Sèvres), élève de Barrias et Le Roux.
Versailles (Seine-et-Oise).

573 — Un coin de prairie au printemps.

CHAVAGNAT (Mlle Antoinette), née à Rouen (Seine-Inférieure), élève de Rivière.
Nanterre (Seine).

574 — Groseilles et Phlox.
575 — Chrysanthèmes.

(*Voir* Peinture)

CHOQUART (Fernand-Louis), né à Amiens,
Amiens, boulevard Baraban, 25.

576 — Papillons d'après nature.
577 — Le canal de l'Hôtel-Dieu vu de la rue des Archers.
578 — Une rue à Pissy (Somme).

CONINCK de (Mlle Régina), née à Paris, élève de son père.
Amiens.
579 — Enfant endormi.
(*Voir* Peinture)

CREPY (Léon-Gérard), né à Lille (Nord), élève de Bonnat et de Winter.
Lille, rue Nationale, 273.
580 — Six portraits crayon et sanguine.

DAINVILLE (Maurice), né à Paris, élève de Boulanger, J. Lefebvre et Merson.
Paris, rue de Fleurus, 35 bis.
581 — Promenade sous bois.
(*Voir* Peinture)

DARDOIZE (Emile), né à Paris.
Paris, rue Coëtlogon, 4.
582 — Notes de voyage.
(*Voir* Peinture)

DEBERLY-LEROUX (Mme Emma), née à Amiens, élève de Mme Louise Martin-Gaudefroy.
Amiens, rue Gaulthier-de-Rumilly, 82.
583 — Eventail.
584 — Eventail.
(*Voir* Peinture)

DEBON (Edmond), né à Condé-s-Noireau (Calvados), élève de Henner et Carolus Duran.

H. C.

Paris, rue Caulaincourt, 61.

585 — Vue de Paris, la place Clichy, statue de Moncey.
586 — Vue de Paris, à Montmartre, la rue Lamarck.

DELARUE (Aimé), né à Bertangles, élève de Riquier, Félix Louis.

Amiens, place St-Denis.

586 bis. — Monument Chaigneau.

Concours organisé par la ville de St-Maixent (Deux-Sèvres), premier prix et exécution.

DELASSUS (René), né à Amiens, élève de André et Laloux.

Méd. bronze.

Amiens.

587 — Essai de restauration de la maison du Blanc-Pignon.
588 — Les heures — Paravent.

DELATTRE (Melle Mathilde), née au Caire (Egypte), de parents français, élève de Saint-Pierre et Delacroix.

Dip. d'hon. Vincennes 1898. — Méd. d'arg. Versailles 1897. — M. H Paris 1898, Exp. du Travail.

Paris, rue Duperré, 17.

589 — Fleurs de printemps.

DELCUPE (Pierre), né à Amiens, élève de Bonnat.

Amiens, rue de Cerisy, 27.

590 — Portrait.

(*Voir* Peinture)

DENEUX (Mlle Charlotte), née à Amiens (Somme), élève de Mme S. Gaudefroy.

Amiens, rue des Jardins, 72.

591 — Jeanne d'Arc — Hésitation — Idéal (miniatures).

DENIZARD (Orens), né à Saint-Quentin (Aisne) élève de Albert Roze, J. Jacquet, Joseph Blanc, Flameng et Aimé Morot.

Paris.

594 — Dante rencontrant Matelda (d'après Maignan).
595 — Profil de femme.
596 — Portrait de Meissonnier.

DESSINS, CARTONS, ETC.

DESMAISONS-HARNICHARD (Melle Jane), née à Venise, élève de Max Gillard et Cormon.

Méd. bronze.

Parvillers (Somme).

597. — 15 pages d'un missel en cours (compositions originales) ayant figuré au Salon de Paris 1898.

DESMAREST (Melle Gabrielle), née à Villers-Bretonneux (Somme), élève de Gérôme, de Math Picard, et de J. Pascault.

Amiens.

598 — Saint Antoine de Padoue.
599 — Portrait du jeune X.

DONNADIEU (Melle Jeanne), née à Paris, élève de Feyen Perrin et H. Lévy.

Paris.

600 — Le choix.

(*Voir* Peinture)

DORCHY (Melle Marguer-Marie-Gabrielle), née à Amiens (Somme), élève de Melle Marie Martin.

Amiens.

601 — Chrysanthèmes.

DORNOIS (Albert).

Paris, Boulevard Malesherbes, 192.

602 — Thermes de Caracalla (Rome).

(*Voir* Peinture)

DOUDET (Melle Madeleine), née à Amiens, élève de Melle Barrande.

Amiens.

603 — Les rameaux, miniature (d'après le tableau d'Elisabeth Sonrel).

DUBOIS (Albert), né à Amiens, élève de l'école des Beaux-Arts d'Amiens.

Amiens, rue Deberly, 14.

604 — Relevé du théâtre d'Amiens, plans et façade.

DUCARUGE (Léon-Pierre), né à La Voulte-Chillac (Haute-Loire), élève de Harpignies.

St-Etienne (Loire), rue de la Paix, 6.

605 — Bords de l'Aix à St-Germain-Laval (Loire).

(*Voir* Peinture)

DUCHYNSKA (Melle Hélène), élève de T.-Robert Fleury et Bouguereau.

✺ A.

Paris, avenue Montaigne, 47.

606 — Olivia.

DESSINS, CARTONS, ETC.

DUFOUR (Melle SUZANNE-HENRIETTE), née à Amiens, élève de Mme Gaudefroy.

Amiens, rue de Croy, 13.

607 — Couverture de missel.
608 — La poésie.

DUFOURMANTELLE (Melle JEANNE), née à Amiens, élève de Mme Leclercq-Rouhier.

Amiens.

609 — Portrait de Monsieur F.

DUHEM (HENRI), né à Douai (Nord).

Douai (Nord), rue d'Arras, 10.

610 — La barrière.
611 — Matin d'automne.

(*Voir* PEINTURE).

DUPONT (Mme GEORGES), née à l'Heure (Somme), élève de Mme Gaudefroy.

Amiens.

612 — Rêve de Mignon (éventail).
613 — Azalées et paysage (éventail).

DUTHOIT (LOUIS), né à Amiens, élève de Moyaux.

Paris, rue de Mézières, 6.

614 — Propriété de M. G. à Orléans.
615 — Propriété de M. B. à Orléans (un hôtel particulier).

FAUVAGE (Melle Blanche), née à Paris, élève de Mme Thoret et de Rivoire.

Paris, villa Poirier, 7.

616 — Eventail de roses.

FAUX-FROIDURE (Mme Eugénie-Juliette), née à Moyen (Sarthe), élève de Maignan et Saintpierre.

✿ A. — M. H. Salon des Artistes Français 1898.

Paris.

617 — Pensées.
618 — Roses.

FAVRY (René), né à Amiens.

Amiens.

619 — Le halage de la Somme.
620 — Hortillonnages.

FILLIARD (Ernest), né à Chambéry (Savoie) élève de B. Molin.

Méd. verm. Dijon 1898. — Méd. 3e cl. Salon Lyon 1899.

Chambéry (Savoie), rue de Boigne, 11.

621 — Pivoines.

FLICOURT (Edmond), né à Amiens, élève de L. Delambre.

Amiens, rue Lemattre, 21.

622 — Croquis d'après nature.

FORGES (Joseph), né à Auray (Morbihan), élève de Charles Gosselin.
Paris, avenue du Maine, 30.

623 — Fontaine du quai Martin (Auray).
624 — Port d'Auray.

FOURNIER (Marcel), né à Chantelle (Allier).
Paris, rue Cauchois 9.

625 — Vieux bateaux (Wissant).
626 — Chemin de la Hage (Wissant).

FRANÇOIS (Edouard), né à Paris, élève de A. Cassagne.
Paris boulev. des Filles-du-Calvaire, 14.

627 — La clarté près Ploumanach.
628 — Le soir.

FREITEL (Eugène-Gustave), né à Amiens.
Amiens.

629 — Vieil Amiens. — La rue Grainville.

FRISON (Gualbert), né à Ronssoy (Somme), élève de Bonnat.
Paris rue Cherche-Midi, 133.

630 — Portrait.

GALLIEN (Melle LOUISE), née à Paris, élève de Jules Lefebvre et Tony-Robert Fleury.

Paris, boulev. Barbès.

631 — Portrait de Mme W.
632 — Portrait de l'abbé Carnel. — Jeune fille de Pont-Aven. — Souvenir de Bretagne.

GARET (FERNAND-JULES), né à Amiens, élève de Paul Blondel et Scellier de Gisors.

Lille, rue Marais.

633 — Dans les dunes, près la forêt du Touquet.
634 — Maison de campagne plans, vue, perspective.
635 — Monument funéraire.

GASCARD (LÉON-GEORGES), né à Fignières (Somme), élève de Boulanger et J. Lefebvre.

Paris, Boulevard d'Italie, 61.

636 — Etude de nu.

(*Voir* PEINTURE)

GAUDEFROY (HENRY), né à Amiens.

Amiens.

637 — Rue du Pont Piperesse à Amiens.
638 — Marais de Rivery.

GAUDEFROY (Mme L.-M.), élève de M^elles G. Bureau, J. Cerbiland, L. Raine, F. Martin et de Mme Demarquez-Crauck.

Méd. d'or, de vermeil, d'argent, etc., à Amiens, Paris, Beauvais, Reims, Roubaix et Versailles.

Amiens, rue Lemerchier, 48.

639 — Portraits de M^elles Jeanne Flinoye, Marie de B. ; Mmes Frédéric Petit, d'Aliquonte, Jeanne Cuny-Delobel ; ma Grand'Mère ; MM. Hesse de R., George Duhen, Charles de B. et Félix de B. (miniatures sur ivoire).
639 bis — Ballerines (maquette pour éventail).
640 — Gaminerie.
640 bis — Porte-cartes ; or en relief.

GAUDIBERT (Auguste), né à Orange (Vaucluse), élève de J. Lefebvre et T.-R. Fleury.

Paris, rue Hégésippe Moreau, 15.

641 — Amour portant des fleurs.
642 — La place Clichy à Paris.

GILBERT (Melle Marthe), née à Malville (Charente-Inférieure), élève de Furcy de Lavauld et Auguin.

Saintes, rue de Laroche, 28.

643 — Éventail (roses et paysage).

GILLET (M#me# Marguerite), née à Sens (Yonne), élève de P. Carrier-Belleuse.

Paris, rue St-Augustin, 33.

644 — Pifferaro.

(*Voir* Peinture)

GŒPP (Albert), né à Paris, élève de Guillemet.

✿. — Nombr. méd. en province.

Neuilly-sur-Seine, rue Perronet, 43.

645 — Gros temps baie de la Forêt.
646 — Temps houleux à Cayeux.

GOUY (M#elle# Jeanne), née à Doullens (Somme), élève de J. Machard.

Paris, avenue de Villiers, 74.

647 — Petite fille au livre.

(*Voir* Peinture)

GRAVIS (Camille), né à Calais (Pas-de-Calais).

Calais (Pas-de-Calais).

648 — Après la tempête.
649 — Un bateau-lavoir.

GRIMAUD (Melle Manuelita), née à Paris, élève de l'Ecole nationale de dessin.

Trois médailles d'argent.

Paris-Passy, rue Greuze, 29.

650 — Tête d'arabe.
651 — Malade de Lourdes en prière.

GROS (Melle Andrée), née à Amiens, élève de Mme Gaudefroy.

Amiens, rue Caumartin, 38.

652 — Bataille d'amour (éventail).
653 — Vue de Longpré (Somme).

GRUYER (Melle Gabrielle), née à Paris, élève de Melle Le Blé et Rivoire.

Méd. de bronze, Arcachon 1897.

Paris, rue Nollet, 61.

654 — Roses.

GUÉRIN (Melle Marie-Victorine), née à Paris, élève de J. Machard.

Méd. à Versailles, Tours, Angers, Boulogne, etc.

Paris, rue de Chaillot, 59.

655 — Grand chapeau noir.
656 — 5 miniatures, 1° la vigne (d'apr. Greuze); 2° mandoline; 3° rieuse; 4° coquetterie; 5° fillette.

GUILLOT (Marie-Magdeleine), élève de Mme Marie-Nicolas, et de Gervex et Jules Lefebvre.

Paris, avenue des Villiers, 9.

657 — Tête d'étude (femme rousse).
658 — A la fontaine.

GUILMET (Albert, né à Château-du-Loir (Sarthe), élève de J.-P. Laurens et Chapu.

Calais, rue de l'hospice, 10.

659 — Pêcheuse.

(*Voir* Peinture)

HENNER (Melle Marie-Simone), née à Paris, élève de Mme Gaudefroy.

Amiens.

660 — Pages de missel.
661 — Vue du Rhône près de St-Romain de Jalionas.

HODEBERT (Léon-Auguste-César), né à St-Michel-sur-Loire (Indre-et-Loire).

Paris, boulevard Pasteur, 25.

662 — Homme dissertant sur la mappemonde (d'après Velasquez). Musée de Rouen.
663 — La dentellière (d'après Jean Ver Meer de Delft). Musée du Louvre.

(*Voir* Peinture)

HONORÉ (Melle Hélène-Marie), née à Péronne (Somme).

M. H. à l'Exp. internat. de Rochefort de 1898.

Paris, rue Poussin, 6.

664 — Emaux. — Le retour des vainqueurs. — Bonbonnière Renaissance. — Bonbonnière. — Porte-cartes. — Broches. — Christ (d'après le Guide). — Etude.

HUVEY (Louis), né à St-Etienne (Loire), élève de Gérôme.

M. H. Salon de Paris.

Paris, rue Vercingétorix, 53.

665 — Lithographie d'après un tableau de Rembrant.

IMHAUS-LAURENCE (Phobée), née à Londres (naturalisée française).

Méd. de vermeil. Soc. royale d'Horticulture à Anvers.

Tours (Indre-et-Loire).

666 — Œillets.
667 — Anémones.

IWILL (Marie-Joseph), née à Paris, élève de Lansyer.

Paris, quai Voltaire, 11.

668 — Matinée d'automne. La Marne à Chennevières.
669 — Sur la Lagune. Sotto Marina.

(*Voir* Peinture)

JEANSON (Melle LOUISE), née à Paris, élève de Mme Latruffe et de Mlle Delattre.

Paris, rue de la Tour, 9, et à Amiens, quai de la Somme, 108.

670 — Chrysanthèmes.

JULLIEN (PIERRE), né à Méru (Oise).

Amiens.

671 — Vues de Lisieux, Honfleur.
672 — Vues du port de Trouville.

LA BASTIDE DE (LOUIS), né à Grignolles (Dordogne), élève de Cournerie.

La Chaussée-Tirancourt (Somme).

673 — Portrait de l'auteur. — Mme de L. — Mme la comtesse de Chalup, en travesti. — Mlle de L. — M. de Lavieuville

LAING (FRANK), né à Rayport (Ecosse).

Paris, rue Laffitte, 13.

674 — Le port de Rayport (eau-forte).
675 — Les Invalides (eau-forte).

LAMBELET (ALPHONSE-AUGUSTE), né à Montbéliard (Doubs), élève de Koger. M. H. Amiens 1892.

Amiens, rue du Général Friant, 59.

676 — Coin de village (Nièvre). Bords de l'Allier;
677 — A Saint-Valery-s-Somme et Yport.
678 — Soldat d'infanterie.

LANDAU (Melle Emilie), née à Odessa (Russie), élève de Jean-P. Laurens, Benj. Constant et P. Carrier-Belleuse.

Paris, rue St-Lazare, 50.

679 — Rêverie.
680 — Le petit gourmand.

LAUVERNAY (Melle Jeanne), née à Amiens.

Paris, rue de Rennes, 148.

681 — Gibiers.

(*Voir* Peinture)

LECLERCQ-ROUHIER (Mme Marie), née à Uzemain (Vosges), élève de Mme Thoret et de Perrot et Lucas.

Plus. 1res Méd. aux concours de la ville de Paris. — Méd. argent et vermeil, à Amiens.

Amiens, rue Lemerchier, 101.

682 — Portrait de Mme A. V.

LECOCQ (Melle Henriette), née à Paris, élève de Henri Lefort.

Nombreuses mentions et médailles en province.

Paris, rue Thenard, 6.

683 — Le Bac (d'après Daubigny) ; eau-forte.

LECOMTE (Paul), né à Paris, élève de Lambinet et Harpignies.

M. H. — Méd. 3ᵉ cl. — M. H. E. U. 1889. — Méd. 2ᵉ cl.

Paris, rue Albouy, 22.

684 — Au bord du marais à Longpré-les-Corps-Saints.
685 — Effet d'automne.

LEFÈVRE (Hippolyte), né à Aubusson (Creuse).

Amiens, rue Gloriette, 31.

686 — Une frise houx.
687 — Une frise marronnier.
688 — Un panneau décoratif.

LEFÈVRE (Mˡˡᵉ Marie-Alice), née à Nancy (Meurthe-et-Moselle), élève de Mᵐᵉ Dyonnet.

Amiens, rue Louis-Thuillier, 20.

689 — Etude d'après nature (portrait).

LE MAINS (Gaston), né à Tours, Indre-et-Loire, élève de Lehmann et Guillemet.

Saint-Cloud (Seine-et-Oise).

690 — Retour des champs.
(*Voir* Peinture)

LEMAIRE (Edmond), né à Airaines (Somme).

Paris, boulevard Voltaire, 68.

691 — Un café dans un jardin public.

LEROUX (Melle Marie), élève de Melle Mackiewiez.

Amiens, marché Lanselles, 52.

692 — Anémones.
693 — Fleurs de Nice.

(*Voir* Peinture)

LE SUEUR (Melle Gabrielle), née à Janville (Eure-et-Loire), élève de Camino.

Paris, rue de Rocroy, 29 bis.

694 — Femme orientale (miniature sur ivoire.)

LE VARD (Gustave), né à Paris.

Caen (Calvados).

695 — Cour de ferme à Beuzeval (Calvados);
696 — Un livre intéressant.

LIÉVOIS (Adrien), né à Amiens, élève de Delambre.

Amiens, rue Gresset, 16.

697 — Scène de la rue.

LINDOS (Melle Alice), née à Paris, élève de Ed. Sain.

Paris, rue Duperré, 5.

698 — Boule de neige.
699 — Nature morte.

LUX (Fournier-Lucien), né à St-Cyr-sur-Loire élève de l'Ecole des Beaux-Arts et de F. Laurent.

Paris, rue Aumont-Thiéville, 6.

700 — Etudes.
701 — Un soir d'été à Marly.
702   Le Palais lumineux.

(*Voir* Peinture)

MACKIEWICZ (Melle Berthe), née à Ars-sur-Moselle, élève de J. Lefebvre, Umbricht et Maillard.

Amiens, rue des Augustins, 41.

703 — Portrait de jeune fille.

(*Voir* Peinture)

MAISONNEUVE (Thomas), né à Paris.

Nantes (Loire-Inférieure.)

704 — L'Erdre au Pont-Morand (Nantes).
705 — Vue prise de l'intérieur d'un bateau, (Côtes de Rotheneuf (St-Malo).
706 — Petit-Port (environs de Nantes).

MALFILATRE (M\^{elle} Lucy), née à Paris, élève de Harpignies.
Paris, rue de Vaugirard, 176.

707 — Le matin (Allier).

MANCEAUX (Louis), né à Calvi (Corse), élève de Cabanel.
Beauvais (Oise).

708 — Types picards.
(*Voir* Peinture)

MARC (M\^{me} Emélie), née à Mesnil (Seine-Inférieure), élève de Ch. Hennequin.
Rouen, petite rue St-Lô, 3.

709 — Au bas Bréau Fontainebleau.
(*Voir* Peinture).

MARÉCHAL (M\^{elle} Hélène), née à Metz, élève Maréchal de Metz et Allongé.
Paris, Place des Ternes, 5,

710 — La plaine au crépuscule.
711 — Bouleaux.

MARTIN (Marie), née au Hâvre (Seine-Inférieure).
Amiens, rue Boucher de Perthes.

712 — La soupe.
713 — environs de Cayeux-sur-Mer.
(*Voir* Peinture)

MATHIEU (Camille-Jean), né à Crenay-sur-Suize (Haute-Marne), élève de Léon Tanzi.

Boulogne (Seine), grande rue, 87.

714 — La cascade.

(*Voir* Peinture)

MARTINEZ (Mme Gabrielle), née à Paris (Seine), élève de Barrias et Lavieille.

Paris, rue de Bruxelles, 30.

715 — Printemps à Luten.
716 — L'été succède au printemps.

(*Voir* Peinture)

MERCIER (Melle Andrée), née à Amiens.

Amiens, rue Lemattre, 12.

717 — Etude de chrysanthèmes.
718 — Paravent, coin de feu.

MERLY (Melle Mathilde), née à Souillac (Lot), élève de Mme L.-M. Gaudefroy.

Amiens, rue Desprez, 12.

719 — Buvard.
720 — Bord de la Borèze, près Souilliac.

MERSON (Luc-Olivier), né à Paris.

Paris, rue Denfert-Rochereau, 18 bis.

721 — Etude pour " la Musique ".
722 — Etude pour " la Musique ".

MILLOT (Melle Lucy), élève de Delacroix-Garnier.

Cambrai (Nord), rue Sadi Carnot, 23.

723 — Œillets.
724 — Chrysanthèmes.

MILVOY (Amédée-Denis), né à Amiens, élève de Edmond Duthoit et Emile Boëswillwald.

Méd. d'arg. et de vermeil.

Amiens, rue Dijon, 1.

725 — Hôtel de M. B..., à Auteuil. — L'escalier d'honneur (architecture).

MONDINEU (Jean-Étienne), né à Houeillès (Lot-et-Garonne), élève de J.-P. Laurens, B. Constant et A. Maignan.

M. H. salon 1896.

Paris, rue de Vaugirard, 99.

726 — Etude de femme pour une fête landaise.
727 — Etude de groupe pour une fête landaise;

MOUREN (Henry), né à Marseille (Bouches-du-Rhône), élève de Harpignies.

M. H. salon 1895.

Paris, rue de Sèvres, 31.

728 — Paris, pont des Saints-Pères.
729 — Bords de la Canche.
730 — Crépuscule.

MOUROUX (Mme)
Méd. de bronze.
Paris, rue de Châlons, 52.

731 — Portrait d'enfant.

NÉRAT (Melle LOUISE-MARIE).
Montereau, (Seine-et-Marne), rue Port-du-Fossé, 25

732 — Verveines.

PAUQUET (Melle LAURE), née à Paris, élève de Rivoire.
Paris, rue Rochechouart, 26.

733 — Raisins et Chrysanthèmes.

PERDRIZET (AUGUSTE-ADOLPHE), né à Lille (Nord).
Courbevoie, avenue de la République, 50.

734 — Portrait de Madame P.
735 — Portrait de M. Affre, de l'Opéra

(*Voir* PEINTURE)

PERRIN (Melle LÉONIE), née à Paris, élève de Barrias.
Méd. à Châteauroux, Rouen.
Paris.

736 — Un cadre contenant 6 aquarelles : 1° Église de Chennevières ; 2° un cimetière de village ; 3° chez le graveur ; 4° effet de printemps ; 5° effet d'automne ; 6° petite nature morte.

POITTEVIN (Louis-André), né à La Houssoye (Oise), élève de Yon.

Au Vallabonnet, par Formerie (Oise) et à Paris, rue Clapeyron, 15.

737 — Prairie.
738 — Entrée de village, Picardie.

PONT-RIEUX (Albert-Augustin-Victor), né à Asnières (Seine).

Poissy, (Seine-et-Oise).

739 — Crépuscule.

POPELIN (Melle Magdeleine), née à La Pacaudière (Loire).

A. — Méd. d'or, Dijon.
Paris, rue Meslay, 5.

740 — Le hêtre, à Marly.
741 — Vieille maison à Montargis.

PORQUIER (Edouard), né à Quimper (Finistère).

Nantes (Loire-Inférieure), rue Rosière, 21.

742 — Une marine.
743 — Une marine.

POSELER (Paul-Louis), né à Paris, élève de l'Ecole des Beaux-Arts et de Guay et Géry-Bichard.

Paris, rue de Marseille, 10.

744 — 3 gravures originales. (eau-forte).
(*Voir* Peinture)

POUJOL DE FRÉCHENCOURT (Melle Mar-guerite), née à Soues (Somme), élève de Rivoire.

M. H. Amiens. — Méd. bronze, Rouen.

Amiens, rue Gloriette.

745 — Azalées.
746 — Un panier de bleuets.
747 — Anémones.

POULAIN (Adolphe), né à Corbie (Somme).

Amiens, rue du Fossé, 1.

748 — Couverture de programme pour les Rosati.
749 — Couverture du programme pour les anciens Élèves du Lycée.
750 — Dessins humoristiques.

PRÉVOST (Melle Marie-Louise), née à Amiens, élève de Melle Régina de Coninck.

Amiens, boulevard Carnot, 24.

751 — Ennui.

(Voir Peinture)

QUIGNON (Melle A.-M.), née à Dunkerque (Nord), élève de Mme de Cool, Baudoine, Écoles de la rue de Seine et Milton.

Amiens, rue de l'Union, 6.

752 — Marie-Thérèse à 7 ans (d'après photographie).
753 — Charlotte.
754 — Panneaux décoratifs : pivoines.

(Voir Peinture)

DESSINS, CARTONS, ETC.

RAFIN (Léonard), né à Lille (Nord).

Amiens, boulevard Pont-Noyelle, 8.

755 — Nature morte.
756 — Le soir d'une laborieuse journée.

RAMART (Maurice), né à Lille (Nord), élève de G. Boulanger.

Paris, avenue du Maine, 8.

757 — Roses.

(*Voir* Peinture)

REY (Alfred), né à Péronne (Somme), élève de Delambre.

Péronne (Somme).

758 — Les tourbières de l'Avre.

(*Voir* Peinture)

RIQUET (Gustave), né à Nîmes, élève de P.-V. Galland et Dubufe.

Amiens, avenue d'Edimbourg, 42.

759 — Portrait de Mlle J. Le R. (aquarelle).
760 — Portrait de Mme S. (aquarelle).
761 — Fumeur d'opium (pastel).

(*Voir* Peinture)

ROULLET (Gaston), né à Ars, Ile de Ré, Charente.

Paris, rue de Lille, 34.

762 — Une rue à Barre-sur-Coup (Alp.-Marit.).

(*Voir* Peinture)

ROUSSIN (Georges), né à Saint-Denis (Ile de la Réunion), élève de Cabanel et J. Lefebvre.

M. H. Salon de 1889. — ✪.

Paris, faubourg St-Honoré, 235.

763 — Coquetterie (pastel).

ROUTIER (Melle Marie), née à Péronne (Somme), élève de Rey.

Péronne.

764 — Feuillères (Somme).

ROUX (Paul), né à Paris, élève de Louis Roux, Cabanel et Harpignies.

Méd. arg. Amiens 1887. — 1re Méd. St-Germain 1879. — 2e et 3e Méd. Dijon 1883-1898. — Méd. de bronze, Blanc et Noir Paris. — ✪.

Paris, rue du Rocher, 14.

765 — Le St-Gothard, près Goschenen.
766 — L'Aiguille à Etretat (aquarelle).

RUDAUX (Henri-E.), né à Paris, élève de son père et de J. Lefebvre et T.-Robert Fleury.

Paris, rue Clauzel, 10.

767 — Nice (aquarelle).

(*Voir* Peinture)

SACHY (de) (Henri), né à Paris.

Paris, rue Bonaparte, 14 et avenue Trudaine, 17.

768 — Berck. Pêche aux crevettes.
769 — Femme au loup (pastel).

Voir Peinture)

SAILLY (Melle Laure-Lucie-Jehanne), née à Beauvais (Oise), élève de T.-R. Fleury et J. Lefebvre.

Paris, avenue de Clichy, 127.

770 — Déception (pastel).
771 — Ressouvenirs (pastel).

SAINT-BLANCAT (Jean-Pierre), né à Toulouse (Haute-Garonne), élève de Cormon.

Paris, faubourg St-Denis, 174.

772 — Jésus descendu de la croix est remis à sa Mère (dessin grisaille).

(*Voir* Peinture).

SALARD (Mme Céline), née à Paris.

Paris, avenue de la Grande-Armée, 72.

773 — Chrysanthèmes.
774 — Dahlias blancs et chrysantèmes (aquarelle).

SEBERT (Mme Alice), née à Noyon (Oise), élève de L.-M. Gaudefroy.

Amiens, rue Louis Thuillier, 12.

775 — Aquarelle sur soie. Harpe iris et volubilis.

SIMON (J.-B. Léon), né à Metz (Moselle), élève de A. Migette.

14 Méd. et Ment. — ✪ A.

Metz (Lorraine), rue du Moyen-Pont, 3.

776 — Forêt de Briey (Meurthe-et-Moselle).
777 — Bouleaux au bord d'une mare.

SOURISSEAU (Marius), né à Amiens (Somme), élève de l'école des Beaux-Arts d'Amiens.

Amiens, rue Riolan, 18.

778 — La lune comme un point sur un i. (Projet d'affiche).

SOUZA PINTO (José-Julio de), née à Terceira (Portugal), élève de Cabanel.

Paris, faubourg St-Honoré, 235.

779 — Tête de petite bretonne.

(*Voir* Peinture)

TARTARIN (Melle Jeanne-Yvonne), née à Amiens, élève de Mme L.-M. Gaudefroy.

Amiens, rue des Jardins, 109.

780 — Broches (miniatures).
781 — Été.

TATTEGRAIN (Francis), né à Péronne, (Somme), élève de Crauk, Lepic, J. Lefebvre et G. Boulanger.

Paris, boulevard Clichy, 12.

782 — Tête d'étude.

(*Voir* Peinture)

TENRÉ (Henry), né à St-Germain-en-Laye (Seine-et-Oise), élève de J. Lefebvre.

Paris, rue Villejust, 36.

783 — Trois vues du parc de Versailles.
784 — La galerie des glaces à Versailles.

(*Voir* Peinture)

TERSEN (Gustave-Léon), né à Philippeville (Constantine), élève de Ris-Paquot.

Amiens, rue Laurendeau, 169.

785 — Enterrement arabe à Kairouan (Tunisie).
786 — Le vieux canal à La Goulette (Tunisie).

THIRIET (Melle Marie), née à Metz, élève de Larchec.

Médaillée.

Nancy (Meurthe-et-Moselle).

788 — Chrysanthèmes.

VERCHAIN (Jean-Louis), né à Valenciennes (Nord), élève de Harpignies et Allongé.

M. H. Paris 1888.

Paris. boulevard Voltaire, 124.

788 — Quai des Orfèvres à Paris — Brouillard à Passy.

VIANELLI (Albert), né à Naples (Italie), élève de Jules Lefebvre.

Paris, place Malesherbes, 14.

789 Tirant l'aiguille (aquarelle).

(*Voir* Peinture).

VINACHE DE LAUNAY (Mme Régine-Marie), née à Loué (Sarthe), élève de Rivoire, Jules Lefebvre et Tony-Robert Fleury.

Méd. de br. Rodez et Angers. — Méd. arg. Langres. — 3e Méd. Bourges.

Paris, rue Madame, 59.

790 — Pensées — Fleurs de pommier et cerisier.
791 — Roses et Violettes.

VINCENT-DARASSE (Paul), né à Ville d'Avray (Seine-et-Oise), élève de J.-P. Laurens.

Paris, boulev. St-Germain, 159.

792 — A la godille.
793 — Bois de la Chaise à Noirmoutier.

VIVIEN (Narcisse-Charles-Amédée), né à Amiens, élève de l'Ecole des Beaux-Arts d'Amiens.

Mention.

Amiens, rue Lamarck, 1.

794 — Maquettes de vitrail et tenture.
795 — Paysage.

SCULPTURE

ART DÉCORATIF SUR MÉTAUX

ALBAZZI (Iza), né à Lopatintia (Ukraine-Russie), élève de Alex. Falguière.

M. H. Salon 1898. — Méd. d'arg. Tunis 1898. — ✿ 1887.

Paris, avenue Niel, 29.

796 — Le Vitrarius Ponsin.
797 — La Parisienne. — Le peintre Lux.
798 — Vitrine de médailles ; gravure en médailles.

ANSART (Pierre), né à Amiens (Somme), élève de Albert Roze et Astruc.

Méd. arg.

Amiens, rue St-Dominique, 11.

799 — Rêves ; reliure, mosaïque de cuir, application de cuivre et émaux champleves (essai).
800 — Plateau ; marqueterie de cuivre (essai), exécution de A. Gaudefroy.

(*Voir* Dessins)

CARLIER (Emile-Joseph), né à Cambrai (Nord), élève de Jouffroy, Cavelier et Chapu.

H. C. ✻

Paris, rue du Regard, 6.

801 — Buste plâtre (M. Lamy).

CHOPPIN (Paul-François), né à Auteuil (Seine), élève de Jouffroy et de Falguière.

3e méd. Salon 1888.

Paris, rue d'Assas, 68.

802 — Amour au carquois (terre cuite).

CUNY Mme Jeanne, née à Amiens (Somme), élève de Mme L.-M. Gaudefroy.

Méd. de bronze Amiens, Beauvais.

Epinal (Vosges), rue de la Faïencerie, 1.

803 — La nuit (d'après l'Etoile de Levasseur), (sculpture).

804 — Bouderie plâtre.

DERCHEU Jules, né à Paris, élève de Cavelier, Millet et Barrias.

2e méd. et bourse de voyage de l'Etat, salon 1896.

Paris, rue Girardon, 15.

805 — Projet de plat pour être exécuté soit en étain, soit en vieil argent (sculpture).

ENGRAND (Georges), né à Aire-sur-la-Lys (Pas-de-Calais), élève de Cavelier.

3e Méd. au Salon de 1878. — 2e Méd. au Salon de 1897 — Grande Méd. de verm. à Amiens. — Dipl. d'Hon. à Nantes. — Méd. bronze à l'Exp. Univ. 1889.

Paris, rue Rochechouart, 35.

806 — Rieuse (bronze).
807 — Gourde, femme assise (bronze).
808 — Contemplation (bronze).
809 — Tigre dévorant un singe (bronze).

FRESNAYE (Melle Marie), née à Marenla, (Pas-de-Calais).

Marenla (Pas-de-Calais).

810 — Source de parfums (cire polychrome).
811 — Liseuse (cire polychrome).

GAUDEFROY (Adolphe), né à Amiens, élève de son père.

Amiens, rue du Chapeau-de-Violettes, 11.

812 — Vases Louis XVI, cuivre martelé. (Appartiennent au Grand Séminaire d'Amiens). Composition de Pierre Ansart.

GAUDEFROY (Mme L.-M.), née à Amiens, élève de G. Bureau, J. Carlier, Mabille et des cours de la ville de Paris.

Amiens, rue Lemerchier, 48.

813 — Maternité.

GAUQUIÉ (Henri-Désiré), né à Flers-lez-Lille (Nord), élève de Cavelier et Fache.

H. C.

Paris, rue Férou.

814 — Diane, statuette (bronze inédit).

GUITTET (Georges), né à Cholet (Maine-et-Loire), élève de J.-P. Roulleau et Théodore Rivière.

Méd. d'arg. Angers 1896. — M. H. Salon Ch. Elysées 1896. — Méd. 2e cl. Salon Ch. Elysées 1897.

Paris, rue de Bagneux, 3 bis, et à Amiens, rue St-Dominique, 2.

815 — Porteur d'eau africain (plâtre.)
816 — Enfant à la tortue (marbre.)

HÉRARD (Charles-Victor), né à Paris.

M. H. Amiens 1892.

Amiens, rue Sire Bernard, 20.

817 — Buste de M. Rabœuf, Ingénieur de la Traction au Chemin de fer du Nord.
818 — Médaillon de M. de Coninck, artiste peintre.

JENLIS (Edouard de), né à Fontaine-s.-Montdidier (Somme), élève de Ferragu et Solle.

M. H. Salon de 1898. Paris. — Méd. arg. Amiens 1896.

Boulogne-s-Mer, rue de la Paix.

819 — Une pièce perdue (groupe plâtre).
820 — Après la fermeture (terre cuite).

JULLIEN (Pierre), né à Méru (Oise).

Amiens, rue Lamarck, 15.

821 — Buste — Portrait de Mme X.

LEVASSEUR (Henri-Louis), né à Paris, élève de Delaplanche et Dumont.

Hors concours.

Paris, rue d'Assas, 68.

822 — L'amour désarmé (bronze groupe).
823 — Patrie (statuette bronze).
824 — Potiche (bronze, femme et enfants).
825 — Les cerises (potiche étain).
826 — Vainqueur au tournoi (grand plat étain).

LOISEAU-ROUSSEAU (Paul), né à Paris, élève de Th. Barrau.

H. C. — ✪ I.

Paris, rue N.-D.-des-Champs, 28.

827 — Crispin (statuette bronze).
828 — Tête de clown (encrier bronze).
829 — Vide-poches (coquillage étain).

LUMINAIS (Mme Hélène), née à Paris.

M. Paris.

Paris, boulev. Lannes, 17.

830 — La prière.

MILVOY (Amédée-Denis), né à Amiens, élève de Edmond Duthoit, Emile Boëswillwald.

Amiens, rue Dijon, 1.

LOTIQUET (Julien), né à Amiens, élève de Dufour.

Amiens, rue Janvier, 13.

831 — Panneau de décoration moderne (en collaboration).

MOLLIENS (Charles-Valentin), né à Argœuves (Somme), élève de Falguière.

Méd. de bronze, Amiens, 1896.

Longpré-les-Amiens (Somme).

832 — Miséricorde (plâtre).
833 — Buste d'enfant (plâtre).

OBIOLS (Gustave), né à Barcelone (Espagne), élève de l'Ecole des Beaux-Arts de Barcelone.

Paris, faub. Saint-Honoré, 223 bis.

834 — Diane surprise (bronze).

RAFIN (Léonard), né à Lille (Nord).

Amiens, boulevard Pont-Noyelle, 8.

835 — Colonne support (grès peint).

(*Voir* Dessins)

ROZE (Albert-Dominique), né à Amiens, élève de Delambre et Thomas.

Méd. or, Amiens. — Méd. or, Paris.

Amiens, rue Laurendeau 119.

836 — Le sommeil de Jésus enfant.
837 — Victa (groupe marbre).
838 — Tolbiac (esquisse du tympan destiné à l'Eglise St-Remy d'Amiens).

SOLLIER (Eugène), né à Paris, élève de Ch. Cordier.

Paris, M. H., 1881-84. — Amiens, 1877, Méd. d'argent. — Amiens, 1883, Méd. vermeil. — ❀ A. 1898.

Paris, rue Boissonnade, 12.

839 — Berryer pur sang anglais (bas-relief bronze).
840 — Malva. — Jument de chasse (bas-relief bronze).

TARNOWSKY (Michel de), né à Nice (Alpes-Maritimes), élève de Falguière.

M. H., Exposition des Artistes Français, 1895.

Paris, rue St-Didier, 50.

841 — L'Epine.

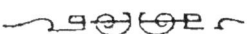

SOCIÉTÉ DES AMIS DES ARTS
DU DÉPARTEMENT DE LA SOMME

Pour devenir Sociétaire, il suffit de verser la somme de *Dix francs* entre les mains du Trésorier, M. Charles CORDIER, rue Caumartin, 23, à Amiens ; ou au bureau dans la Salle d'Exposition.

Ce versement donne le droit d'entrée gratuite à l'Exposition pendant toute sa durée.

De plus, chaque Sociétaire inscrit antérieurement à la clôture de l'exposition, participe à la *Loterie des Sociétaires*.

LOTERIE DES SOCIÉTAIRES

Cette loterie est composée de lots choisis parmi les œuvres exposées et de gravures accordées par le Gouvernement.

LOTERIE DES EXPOSANTS
5.000 BILLETS A 1 FRANC

En dehors de la *Loterie des Sociétaires*, la Société est autorisée à organiser une autre loterie, dite *Loterie des Exposants*, composée de lots uniquement choisis parmi les œuvres exposées et dont le produit est affecté *en totalité* à l'achat de ces lots.

On trouve des billets chez les principaux libraires de la ville, chez le concierge du Musée et dans la Salle d'Exposition.

SUPPLÉMENT

LAURENCE (Mme).
842 — Fleurs ; aquarelle.
843 — Fleurs ; aquarelle.

GIRARDET (E.).
844 — Vieille porte ; aquarelle.
845 — Paysage arabe ; aquarelle.

LAUNAY (de).
846 — Fleurs ; aquarelle.

LEFÊVRE (H^te).
847 — 4 vues dans un seul cadre ; pastel.

GARET (Fernand).
848 — Paris-plage, paysage ; aquarelle.

LEVASSEUR.
849 — Lézard (plat) ; grès.

BARRANDE (Mlle Marie).
850 — Vue de Gamaches ; fusain.

www.ingramcontent.com/pod-product-compliance
Lightning Source LLC
Chambersburg PA
CBHW071727090426
42738CB00009B/1908